GODDESS GIRLS series:#11 PERSEPHONE THE DARING by Joan Holub & Suzanne Williams
Copyright © 2013 by Joan Holub & Suzanne Williams
All rights reserved.
This Korean edition was published by RH Korea Co., Ltd. in 2016 by arrangement with Joan Holub & Suzanne Williams c/o EDEN STREET LLC through KCC(Korea Copyright Center Inc.), Seoul.

이 책은 (주)한국저작권센터(KCC)를 통한 저작권자와의 독점 계약으로 (주)알에이치코리아에서 출간되었습니다.
저작권법에 의해 한국 내에서 보호를 받는 저작물이므로 무단 전재와 복제를 금합니다.

11 페르세포네의 미더움

조앤 호럽, 수잰 윌리엄스 글 · 권미선 그림 · 김경희 옮김

주니어 RHK

엄청나게 멋진 독자 여러분, 고마워요!

캐서린 O., 메이릭 M., 사브리나 E., 소피아 E., 라쉬미 L., 섀넌 G.,
모나 P., 제니 C., 브리나 J., 빅토리아 R., 조야 B., 애니 C., 줄리엣 M.,
매디슨 T., 클로이 M., 리앤나 L., 시에라 G., 이블린 R., 제이리 T., 올리비아 M.,
애비 G., 오드라 J., 스카우트 L., 그레이스 D., 크리스틴 S., 모니카 K.,
시드니 S., 티나 L., 저스틴 Y., 릴리 T., 일레인 M., 신시아 Y., 이지 F.,
이자벨 K., 프리스카 M., 마리아 M., 제이달린 F., 올리비아 R.,
키아나 H., 크리스틴 B., 에밀리 M., 칼라 I., 저스티스 U., 케빈 M., 조 P.,
엘라 S., 시드니 G., 릴리 P., 헬레나 L., 안드레이드 가족, 에리카 A., 제시카 M.,
첼시 G., 레이 J. M., 야다 C., 앨버 C., 애슐린 L., 캐롤린 D., 엠마 J.,
루시 N., 세라 S., 올리비아 B., 미키 J., 에스너 U., 세라 S., 라이언 M.,
앰버 A., 카리스 C., 로완 W., 데이나 P., 시드니 B., 켈시 H., 샐리 M., 맬러리 G.,
사브리나 L., 레아 M., 케네디 D., 시에라 A., 데니즈 D., 에이버리 T., 시드니 T.,
리자 B., 나탈리 S., 라라 P., 레아 H., 메이건 B., 나타샤 H., 안나 P.,
빅토리아 B., 제시카 S., 라나 W., 레베카 K.,

그리고 지금 이 책을 보고 있는 바로 당신!

— 조앤 호럽, 수잰 윌리엄스

차례

1. 체육관 야영 • 09
2. 오르페우스 최고! • 34
3. 콘서트 날 밤 • 45
4. 반해 버렸어! • 60
5. 매력적인 하데스 • 82
6. 우정의 씨앗 • 95
7. 데이지 • 112
8. 룸메이트 • 131

9 씨앗 뿌리기 •140

10 판결 •170

11 자유로운 기질 •179

12 규칙은 규칙 •206

13 꽃의 힘 •224

14 놀랐지! •251

15 뒤돌아보기 없기 •264

1 체육관 야영

　금요일 밤, 페르세포네는 두 팔에 가득 짐을 들고 학교 체육관으로 들어섰다. 주위를 둘러보니 체육관 바닥에 침낭, 과자, 화장품, 보드게임판, 동물 인형 등이 어지러이 널려 있었다. 반대편 벽에 걸린 커다란 현수막에는 '올림포스 학교 여자 운동선수 야영의 밤'이라는 글자가 반짝반짝 빛을 뿌렸다.

　오늘 행사 참석자의 대부분이 벌써부터 와 있었지만, 페르세포네는 이제야 겨우 도착한 참이었다. 페르세포네는 올림포스 학교 학생 중 드물게 기숙사에 살지 않고, 엄마 데메테르 여신과 함께 인간 세상에서 살았다. 그런데 오늘 아침에 깜박하고 짐을 가져오지 않는 바람에 수업을 마치고 도로 집에 갔다 와야 했다.

페르세포네는 체육관 바닥에 짐을 내려놓고 침낭을 폈다. 앞면은 귀여운 데이지 무늬이고, 뒷면은 페르세포네의 초록색 눈동자와 어울리는 무늬 없는 연두색이었다. 페르세포네는 곁에 있는 분홍색 반짝이 가방 옆에 자기 가방을 가지런히 놓았다. 딱 봐도 아프로디테의 가방이 틀림없었다. 그 건너편에는 방정식 기호가 그려진 하늘색 가방이 놓여 있었다. 페르세포네는 머리 좋은 친구 아테나의 가방일 거라 짐작했다. 그렇다면 화살집과 나란히 놓여 있는 빨간 가방은 당연히 아르테미스의 것일 터였다. 물음표 무늬가 새겨진 가방 역시 물어볼 것도 없었다. 아테나의 룸메이트이자 올림포스 학교에서 가장 궁금증 넘치는 판도라의 가방이 분명했다.

"아, 페르세포네가 왔어!"

누군가 소리쳤다.

"페르세포네, 얼른 와!"

다른 누군가 목청을 높여 재촉했다.

페르세포네는 얼굴을 가린 붉은 머리칼을 뒤로 쓸어 넘기며 소리 나는 쪽을 바라보았다. 아프로디테, 아테나, 아르테미스가 어서 오라고 손짓했다. 페르세포네는 활짝 웃으며 손을 마주 흔들면서 친구들 쪽으로 갔다.

　세 친구는 다른 몇몇 아이와 함께 체육관 한가운데에서 우스꽝스러운 응원 구호를 만들며 장난을 치고 있었다. 페르세포네는 잠시 옆에 서서 낯선 율동을 지켜본 뒤 이내 재미난 동작과 구호를 따라 했다.

> 십대들의 두루마리 잡지가 묻지.
> 넌 누구에게 표를 던질 거니?
> 가장 매력적인 소년 신은 누구지?
> 가장 화려한 소녀 신은 누구지?
> 인간들 생각이 어떤지 알고 싶니?
> 당연하지, 유후!

　구호를 마치자 몇몇 아이가 공중으로 훌쩍 뛰어오르며 다리를 180도로 쫙 벌리는 스플릿 동작을 선보였다. 나머지 아이들은 파란색과 금색이 섞인 폼폼을 흔들거나 위로 높이 던져 올렸다. 페르세포네도 "와!" 하고 함성을 지르며 박수를 쳤다.

　세 단짝과 함께하기 때문에 응원단 연습이 즐겁긴 하지만, 사실 페르세포네는 운동을 썩 좋아하지 않았다. 그래도 얼마 전

헤라이언 게임이 열렸을 때 멀리뛰기 종목에서 당당하게 우승을 거머쥐었다. 좋은 코치, 아니 올림포스 학교 최고의 코치를 둔 덕분이었다. 바로 페르세포네의 남자 친구 하데스 말이다.

"이 응원 구호는 처음 들어 봐."

페르세포네가 가쁜 숨을 가라앉히며 말을 꺼냈다. 그러자 다른 아이와 수다를 떨던 판도라가 냉큼 대답했다.

"근사하지? 파마가 지금 막 만들었어."

자기 이름이 들리자 소문의 여신 파마가 고개를 휙 돌려 페르세포네를 바라보았다. 그러더니 얼마 전 제우스 교장 선생님께 선물 받은 주황색 날개를 살랑이며 다가왔다.

"내가 〈십대들의 두루마리〉 잡지에 소문 칼럼을 쓰잖아. 이번 주에 독자 투표 결과를 실었거든. 거기서 영감을 얻었어."

파마가 말할 때마다 입에서 구름 글자가 풍풍 솟아올라 천천히 흩어졌다. 얼마 전 파마는 다른 아이들의 방을 염탐하고 다니다 걸려서 된통 혼이 났다. 그래도 파마는 결국 〈십대들의 두루마리〉 잡지에 글을 쓰게 됐다. 올림포스 학교에서 가장 참견하기 좋아하는 여신에게 소문 칼럼을 쓰는 것만큼 어울리는 일이 또 있을까?

페르세포네가 탄성을 터뜨렸다.

"이야, 대단하다. 파마 네가 칼럼니스트 자리를 얻은 것도 그렇고 전부 다."

"고마워."

파마는 칭찬을 받아서 쑥스러운지 머리를 북북 긁적이며 쓸어 넘겼다. 그러자 파마의 짧은 주황색 머리카락이 더 뾰족뾰족하게 섰다.

"페르세포네, 투표 결과 볼래?"

곁에 있던 판도라가 묻더니, 페르세포네의 대답은 듣지도 않고 자기 침낭으로 쌩 달려가 잡지를 집어 들었다.

한편 페르세포네가 파마, 판도라와 이야기를 나누는 사이 아프로디테는 메두사 곁에 있었다. 둘의 대화 소리가 드문드문 페르세포네한테까지 들렸다. 아프로디테는 메두사에게 예쁘게 꾸며 보라고 부추기고 있었다.

페르세포네는 빙긋 웃었다.

'아프로디테, 부디 행운을 빌어!'

메두사의 머리에는 머리카락 대신 살아 있는 뱀이 있는 데다, 고집도 지독하게 셌다. 게다가 귀엽고 여성스러운 스타일을 좋아하지도 않으니 꾸미는 것에 흥미를 보일 리가 없었다. 물론 아프로디테를 나무랄 수도 없는 노릇이었다. 아프로디테는 사랑과 미의 여신이니까!

　누군가 페르세포네의 팔을 툭 쳤다. 어느새 판도라가 〈십대들의 두루마리〉 잡지를 들고 서 있었다. 페르세포네가 바로 받아 들지 않자 파마가 대신 받아 두루마리를 착 펼쳤다.

　"문득 '올림포스 학교 최고를 뽑아라!'라는 독자 투표를 해 보면 어떨까 하는 생각이 드는 거야. 진짜 근사한 아이디어 아니니? 그래서 스무 가지 항목을 정하고, 각 특징에 가장 잘 어울리는 아이를 뽑아 달라고 인간 세상 독자들한테 부탁했어."

　파마는 너무 흥분한 나머지 페르세포네의 코앞까지 두루마리를 들이밀었다. 페르세포네는 두루마리를 보느라 눈이 가운데로 몰리는 바람에 한 걸음 뒤로 물러나야 했다. 판도라가 도와주려는 듯 두루마리 한쪽 귀퉁이를 가리켰다.

　"여기 이 기사 보여?"

　페르세포네가 마침내 두루마리 잡지를 받아 들었다. 이런 종류의 질문과 투표는 대체로 싱거운 농담이나 악의 없는 장난에 가까운 것이 많았다. 예를 들어 지난주에는 인간에게 '불멸의 존재가 가진 힘 한 가지를 당신도 가질 수 있다면?'이라고 묻는 투표가 있었다. 그 결과, 하늘을 나는 힘과 투명인간이 되는 힘이 가장 많은 표를 얻었다. 메두사는 머리에서 뱀이 자라나게 하는 힘이 한 표도 얻지 못해서 꽤 실망한 눈치였다. 사실 따지고 보면 그건 불멸의 존재가 가진 힘도 아니었다. 메두사는 뱀 머리카락을 가진 유일한 '인간'이니까.

페르세포네는 얼른 질문의 각 항목과 거기 뽑힌 올림포스 학교 학생의 이름을 쭉 훑어보았다.

중간에 남학생 이름도 보였다.

★ 가장 공부를 열심히 하는 아이 : 아테나
★ 가장 예쁘고 화려한 아이 : 아프로디테
★ 가장 운동을 잘하는 아이 : 아르테미스
★ 가장 학교 정신이 투철한 아이 : 판도라

페르세포네는 마지막 이름에서 눈을 떼지 못했다.

★ 가장 음악성이 뛰어난 아이 : 아폴론
★ 가장 연기를 잘하는 아이 : 디오니소스
★ 가장 힘이 센 아이 : 헤라클레스
★ 가장 잘생긴 아이 : 아레스
★ 가장 매력적인 아이 : 하데스

'어머, 나도 하데스가 가장 매력적이라고 생각하는데!'

그때 판도라가 다른 누군가에게 말하는 소리가 들렸다.

"난 독자 투표가 정말 좋아. 너도 그렇지?"

페르세포네는 고개를 들고 판도라가 누구랑 이야기하는지 확인했다. 판도라의 앞에 아테가 있었다. 그리고 가까운 곳에 아테나, 아프로디테, 아르테미스와 몇몇 아이가 서 있었다. 페르세포네는 짐짓 놀리는 투로 말을 꺼냈다.

"여기 익숙한 이름들이 보이는걸!"

아프로디테가 눈을 굴리며 대꾸했다.

"알아, 아레스가 이 소식을 들으면 엄청 뻐겨 댈 거야."

아프로디테와 아레스는 사귀다 헤어지길 여러 차례 반복하다가 요즘은 다시 사이좋게 지내고 있었다. 하지만 그 둘의 사이가 어찌될지 아무도 모르는 일이었다. 한편 페르세포네와 하데스는 만나자마자 친구가 되었고 그 뒤로도 계속 친하게 지내고 있었다. 페르세포네는 투표 결과를 빤히 쳐다보며 생각했다.

'하데스는 이 투표 결과를 보고 뭐라고 할까? 아마 아프로디테가 예상한 아레스의 반응과 정반대겠지?'

페르세포네의 마음을 읽기라도 한 듯 아프로디테가 불쑥 물었다.

"하데스는 자기가 가장 매력적인 아이로 뽑힌 걸 알면 어떻게 반응할 것 같아?"

"아마 깜짝 놀랄 거야. 심지어 좀 부끄러워할걸? 하데스는 자신이 매사에 지나치게 진지하고, 꽤 우울한 편이라 생각하거든. 게다가 남들이 꺼리는 임무까지 맡고 있으니까 말이야. 하데스는 지하 세계를 다스리잖아. 그런데 사실 난 하데스의 그런 면이 '매력적'이라고 생각해!"

주위에 있던 아이들이 까르르 웃음을 터뜨렸다.

페르세포네는 속으로 생각했다.

'하데스는 보기보다 다양한 품성을 지니고 있어. 우리 학교 아이들은 그 점을 놓칠 때가 많은데, 오히려 인간들이 하데스를 매력적으로 여긴다니 잘됐지 뭐야? 난 그 의견에 백 퍼센트 찬성이야! 하데스한테선 늘 새로운 면을 발견하게 된달까? 난 하데스 말고는 누구하고도 사귀고 싶지 않아.'

페르세포네는 나머지 투표 결과를 건성건성 훑어보았다. 가장 눈이 예쁜 아이, 가장 유머 감각이 뛰어난 아이, 가장 머리 모양이 멋진 아이(이 항목도 아프로디테가 뽑혔다.), 가장 그림을 잘 그리는 아이, 가장 미소가 예쁜 아이, 가장 성격이 좋은 아이 등 여러 가지가 있었다. 페르세포네는 판도라에게 잡지를 돌려

주려다가 다시 눈길을 돌렸다. 자신의 이름이 보였기 때문이다!

★ 가장 한결같은 아이 : 페르세포네

"엉?"

창백하리만큼 새하얀 페르세포네의 볼이 발그스레하게 물들었다. 페르세포네는 콧잔등을 찌푸리며 친구들을 쳐다보았다.

"한결같다고?"

그러자 아프로디테가 되물었다.

"그게 왜? 좋은 말이잖아!"

아르테미스가 고개를 열심히 끄덕이며 거들었다.

"믿고 의지할 수 있는 친구라는 뜻인걸."

아테나도 나섰다.

"이걸 보니 인간들도 우리만큼이나 널 좋아하나 봐. 하긴 어떻게 널 안 좋아하겠어?"

페르세포네는 자신에게 붙은 딱지가 달갑지 않았다. 아테나가 그 사실을 눈치챘는지 페르세포네를 꼭 안아주었다. 하지만 페르세포네는 친구들이 건네는 칭찬과 격려가 전혀 귀에 들어오지 않았다.

'한결같다고? 인간들이 날 그렇게 생각한단 말이지? 정말 맘에 안 들어!'

페르세포네는 고개를 절레절레 흔들었다. 붉은 머리칼이 파도처럼 출렁였다.

"한결같다는 건 따분하고 밋밋하다는 거잖아."

페르세포네는 계속 고집스럽게 말했다.

"샌들 같은 거나 한결같은 거지. 주변에 두면 좋지만, 있는지 없는지 알아차리지도 못하잖아."

세 친구는 걱정스러운 눈빛을 주고받더니 근심 어린 얼굴로 페르세포네를 바라보았다.

"페르세포네, 모두가 널 특별하게 생각해."

아프로디테가 힘주어 말하자 아테나도 나섰다.

"넌 정말 멋진 아이인걸."

"그래. 만약 인간들이 널 샌들처럼 여긴다면, 적어도 은빛 날개가 달린 근사한 샌들이라 생각할 거야."

아르테미스가 위로한답시고 건넨 말이 어이없기도 하고 우습기도 해서 페르세포네는 빙그레 웃었다. 그래도 '가장 한결같은 아이'로 뽑힌 것과 친구들이 그게 '좋은' 말이라고 진땀 흘리며 설득하는 것 둘 다 탐탁지 않기는 마찬가지였다.

'그나마 이 투표에 참가한 인간들이 내 반응을 모르는 게 다행이야. 알았다면 날 가장 속 좁은 아이로 뽑았을지 몰라!'

페르세포네는 나직이 말을 꺼냈다.

"얘들아, 미안해. 내가 너무 툴툴거렸지? 그런데……."

페르세포네가 말끝을 흐렸다. '한결같다'라는 딱지가 너무나 마음에 걸렸다.

'올림포스 학교 아이들 모두가 날 따분하고, 밋밋하고, 한결같다고 생각하는 걸까?'

"페르세포네, 내 독자 투표에 뽑힌 건 큰 칭찬이야."

파마가 매우 진지한 목소리로 말했다.

"나도 알아."

페르세포네는 파마의 기분을 상하게 하고 싶지 않았다. 그렇지만 이제부터 온 학교 아이들이 '왜 가장 매력적인 아이가 가장 한결같은 애랑 어울리는 거지?'라고 의아해할 것 같아 자꾸만 신경이 쓰였다. 페르세포네가 보기에 매력적이라는 특성과 한결같다는 특성은 전혀 어울리지 않았다.

'하데스는 어떻게 생각할까?'

하데스는 〈십대들의 두루마리〉 잡지를 안 보지만, 이 투표 결과는 어떻게든 하데스의 귀에 들어가기 마련이었다.

'친구들이 앞다퉈 얘기해 주겠지.'

그때 누군가 불쑥 말했다.

"파마! 네 기분을 상하게 하고 싶진 않은데, 이 투표는 완전히 잘못됐어."

페르세포네가 돌아보니 어느새 메두사가 다가와 있었다.

'어머, 내가 한결같다고 생각하지 않는 애가 적어도 한 명은 있구나!'

메두사는 손을 뻗어 머리 위의 뱀을 쓰다듬으며 말을 이었다.

"내가 하고 싶은 말은, 가장 머리 모양이 멋진 아이에 아프로디테가 아니라 내가 뽑혀야 마땅했다는 거야. 한 명이 두 항목에 뽑히는 건 불공평해."

페르세포네는 메두사의 말에 동의하지 않았지만, 당당하게 자기주장을 하는 모습은 부러웠다.

'메두사처럼 자신감이 넘쳐서 남이 뭐라던 간에 내가 최고라고 생각할 수 있다면 좋을 것 같아. 적어도 내겐 그렇게 보여.'

곁에 있던 아테가 고개를 끄덕이며 말을 꺼냈다.

"맞아요, 이 투표는 말이 안 돼요. 학교 정신 항목엔 내가 더 어울리죠. 난 정령이잖아요. 그야말로 정신으로 이루어진 존재인걸요."

그러자 판도라가 발끈했다.

"어머, 이 투표는 누가 '학교' 정신이 가장 투철한가를 묻고 있지 '정신'으로 이루어졌냐 아니냐를 묻는 게 아니거든? 머리카락마저 학교를 상징하는 색으로 물들일 정도라면 뽑히는 게 당연하지 않아? 넌 여기 내 파란색 머리카락이 저절로 자라난 줄 아니?"

판도라는 머리를 숙여 금색과 파란색이 가닥가닥 섞인 머리칼을 모두에게 보여 주었다.

결국 아테나가 인상을 찌푸리며 말했다.

"그런데 왜 아이들에게 이런저런 딱지를 붙이는 거야?"

"내 말이 그 말이야."

페르세포네가 맞장단을 치더니 잡고 있던 두루마리 끝을 놓았다. 두루마리 끝이 저절로 도르르 말렸다.

페르세포네는 잡지를 판도라에게 돌려주며 생각했다.

'사실 난 마음속에 밝은 면과 어두운 면을 다 가지고 있는데……. 명랑하고 긍정적일 때도 있지만, 홀로 생각에 깊이 잠기는 걸 즐길 때도 있단 말이야. 그런 내게 남이 멋대로 한 가지 딱지를 붙이는 건 이상하잖아! 하지만 이미 벌어진 일인 걸 어쩌겠어. 여기 이렇게 버젓이 투표 결과가 나왔는걸. 나에 대한

인간들의 인식을 과연 바꿀 수 있을까?'

문득 페르세포네는 주변이 조용해졌다는 걸 알아차렸다.

'어머, 내가 삐딱하게 나오는 바람에 다들 재미없어진 건가?'

페르세포네는 스스로를 나무랐다.

'이봐, 페르세포네. 넌 오늘 여기 즐기러 왔잖아. 저 한심한 인기투표 때문에 모든 걸 망쳐서야 되겠어?'

그때 판도라가 두루마리를 다시 펴더니 반대편에 쓰어 있는 투표 결과를 읽었다. 페르세포네는 자연스레 자기 쪽을 향해 있는 잡지의 표지로 눈길이 갔다. 머리기사 제목이 바로 눈에 띄었다.

**이번 주 토요일 밤,
오르페우스의 '라 리라 리라' 콘서트 투어 시작!**

제목 아래에는 한 인간 소년이 무대에서 노래를 열창하고, 무대 아래에서는 수많은 팬이 환호하는 그림이 그려져 있었다. 소년은 초록빛이 도는 눈동자에, 숱이 많은 갈색 머리칼을 위로 뾰족뾰족하게 세운 모습이었다.

"오르페우스 아니야?"

페르세포네는 잡지를 도로 받아 들고, 사진을 찬찬히 살펴보았다. 그러고는 주위 친구들이 볼 수 있도록 표지를 내밀었다.

"정말 매력적이지 않니?"

페르세포네는 황홀한 듯이 덧붙였다.

"오르페우스의 노래 실력은 말로 다 할 수 없을 정도로 훌륭해."

이 말은 빈말이 아니라 진심이었다. 페르세포네는 오르페우스의 음악을 정말로 좋아했다. 많은 올림포스 학생을 비롯해 페르세포네의 방에는 그의 포스터가 붙어 있었다. 그 정도로 오르페우스는 최고의 인기 스타였다.

사실 페르세포네는 이야기 주제를 바꾸어 친구들의 기분을 풀어 주고 싶었다. 다행히 페르세포네의 꾀가 통한 듯했다.

"아, 오르페우스는 지이이이이인짜 귀여워."

아테가 두 손을 꼭 모아 쥔 채 감탄을 터트렸다.

"엄청 귀엽지."

파마가 거들자 아프로디테가 한술 더 뜨고 나섰다.

"엄청, 믿어지지 않을 정도로 귀엽지!"

이어 아프로디테는 오르페우스에게 반해 기절하는 척하다가 까르르 웃음을 터뜨렸다.

그 모습을 보며 페르세포네는 속으로 생각했다.

'아프로디테는 가장 예쁘게 웃는 아이 항목에도 뽑혀야 했어.'

아프로디테는 남의 마음을 끄는 매력이란 매력은 다 지니고 있었다. 하지만 자신이 올림포스 학교에서 가장 화려한 아이란 사실을 잘 알면서도 절대 뽐내지 않았다.

"아폴론도 오르페우스의 새 노래를 아주 좋아하더라."

아르테미스가 오르페우스가 그려진 그림을 쳐다보며 한마디 툭 던졌다. 아르테미스의 쌍둥이 동생이자 가장 음악성이 뛰어난 아이로 뽑힌 아폴론은 '천상천하'라는 밴드를 이끌고 있어서 학교 댄스파티 때마다 연주를 도맡았다.

메두사가 대답했다.

"아, '미소 뮤즈' 말이야? 내 뱀들도 그 노래 좋아해."

그 말에 모두가 눈이 휘둥그레져서 메두사를 멀뚱멀뚱 쳐다보기만 했다.

"다들 왜 그래?"

메두사는 다소 기분이 상한 듯했다. 그러자 판도라가 조심스럽게 물었다.

"뱀들이 그 노래를 좋아한다는 걸 어떻게 알아?"

메두사는 당연한 거 아니냐는 듯 어깨를 들썩이며 대답했다.

"그 노래가 들리면 뱀들이 신이 나서 몸을 흔들거든. 춤을 춰."

몇 초간 고요한 침묵이 흘렀다. 모두 그 장면을 머릿속으로 그려 보느라 말을 잊은 것 같았다. 메두사가 머리 위의 뱀들을 반려동물로 여긴다는 건 대부분 알고 있었다. 그래도 뱀이 음악에 맞추어 춤을 춘다는 건 좀 받아들이기 힘들었다.

페르세포네는 다시 이야기 주제를 바꾸기로 했다.

"내일 밤 콘서트에 누가 가니?"

체육관에 있던 모든 아이가 손을 번쩍 들었다.

그때 무지개 여신 이리스가 〈십대들의 두루마리〉 잡지를 펴더니 머리기사를 큰 소리로 읽기 시작했다.

"토요일 밤 록 열풍이 몰아치는 현장에 모든 올림포스 학교 학생이 초대되었다."

파마가 이리스의 어깨 너머로 기사를 마저 읽었다.

"오르페우스는 이제 겨우 열세 살이지만, 새로 지은 극장을

'오르페움 극장'이라 이름 붙일 정도로 크나큰 인기를 얻고 있다!"

그러자 판도라가 말했다.

"우아, 만약 오르페우스가 올림포스 학교에 다녔다면 가장 매력적이고, 화려하고, 음악성 넘치고 하여간 독자 투표에 나온 거의 모든 항목에 이름을 올렸겠지?"

아프로디테가 대답했다.

"그건 확인할 필요도 없는 진실이지!"

페르세포네는 또 '그 이야기'가 나오는 게 싫어서 다른 이야깃거리가 없는지 얼른 머리를 굴렸다.

"진실이란 말이 나와서 말인데, 우리 '진실 혹은 대담' 놀이 할까?"

페르세포네는 말을 꺼내자마자 후회했다.

'오, 신이시여! 내가 지금 무슨 소리를 한 거야?'

페르세포네는 진실 혹은 대담 놀이를 별로 좋아하지 않았다. 누구나 드러내고 싶지 않은 나만의 비밀이란 게 있는데 진실을 묻는 질문에 걸리면 뭐든 대답을 해야 하고, 대담한 도전에 걸리면 말썽에 휘말릴 수도 있었다. 하지만 어떻게든 이야기의 방향을 돌리고 싶은 마음에 더 좋은 것을 생각할 겨를 없이 말이 먼저 튀어 나왔다.

"전 좋아요!"

아테가 신이 나서 대답했다. 아프로디테와 아테나를 포함해 모두 열 명이 함께 하겠다고 나섰다.

"제비로 뭘 쓰면 좋을까?"

판도라가 묻자 아르테미스가 대답했다.

"내 화살을 가운데 놓고 돌리면 되지 않겠어?"

아르테미스는 자기 침낭 쪽으로 타박타박 걸어가 화살집을 집어 들었다. 이윽고 자리에 돌아온 아르테미스는 하필 페르세포네에게 은 화살을 내밀었다. 그러고는 바닥에 털썩 주저앉아 나머지 화살촉을 다듬기 시작했다.

페르세포네는 아르테미스 옆에 책상다리를 하고 앉았다. 나머지 아이들도 자리를 잡고 앉자 열두 명이 이루는 큰 원이 만들어졌다. 그리고 그 한가운데 화살이 놓였다.

"화살이 멈췄을 때 화살촉이 가리키고 있는 아이한테 '진실 혹은 대담' 질문을 던지는 거야."

페르세포네가 규칙을 설명하며 화살을 팽그르르 돌렸다. 첫 번째로 지목된 아이는 아테나였다.

"어머!"

아테나는 꽤 당황한 눈치였다.

"진실 혹은 대담?"

페르세포네가 물었다.

"진실, 진실로 할래."

"흐으음."

페르세포네는 손가락으로 볼을 톡톡 치며 생각에 잠겼다.

'아테나의 사생활을 너무 들추지 않도록 쉬운 질문을 해야 하는데.'

마침내 페르세포네가 입을 열었다.

"헤라클레스의 열두 과업을 도울 때 어떤 게 가장 싫었어?"

아테나가 빙긋 웃었다.

"쉬운 질문이네. 당연히 아우게이아스 왕의 가축우리에서 소똥을 치우는 거였지. 진짜 구역질 나는 일이었으니까."

아프로디테가 콧잔등을 찌푸렸다.

"우엑!"

모두가 한바탕 신나게 웃는 사이 아테나가 앞으로 몸을 숙이고 화살을 돌렸다. 이번에는 메두사가 걸렸다.

"진실."

메두사는 아테나가 묻기도 전에 먼저 선택했다.

"정말로 네 뱀에게 일일이 이름을 지어 줬어?"

아테나의 질문에 메두사가 고개를 끄덕였다. 모두가 호기심 가득한 눈으로 메두사의 머리 위를 말똥말똥 쳐다보자, 메두사는 방어하듯이 팔짱을 턱 꼈다.

"왜? 초상화라도 그려 주려고 그렇게 빤히 쳐다보는 거니?"

아이들의 눈길이 쏟아지자 메두사의 뱀들은 한껏 우쭐했다. 하지만 정작 메두사의 기분은 언짢아 보였다. 페르세포네가 다정하게 말을 건넸다.

"우린 네 뱀들의 이름이 궁금해서 그런 것뿐이야. 굳이 알려 주지 않아도 돼. 그건 질문에 포함되어 있지 않았으니까."

"아!"

갑자기 메두사의 얼굴이 환해졌다. 아이들이 메두사 자신이나 뱀을 놀리려는 게 아니라 정말로 관심이 있어서 쳐다본다는 걸 그제야 깨달은 모양이었다. 메두사는 머리 위로 손을 뻗어 뱀의 이름을 차례차례 알려 주었다.

"애들은 독사, 날쌘이, 꽈배기, 덥석이, 뱅글이, 슬금이, 올가미, 미끌이, 비늘이, 에메랄드, 스위트피, 그리고 꼬물이야."

그 뒤로 화살이 몇 번 더 돌았다. 그때마다 진실을 고르는 아이도 있고 대담을 고르는 아이도 있었지만, 주어지는 질문이나 도전은 모두 쉬운 것이었다. 그러다 아테의 차례가 왔다. 아테가 돌린 화살이 눈에 보이지 않을 정도로 빨리 빙글빙글 돌더니 페르세포네 앞에 딱 멈춰 섰다.

"진실 혹은 대담?"

페르세포네는 그대로 얼어붙고 말았다. 주변 친구들은 그런 페르세포네를 기대에 찬 얼굴로 쳐다보았다.

'한결같은 페르세포네는 보나마나 안전한 선택을 할 거라 생각하겠지? 모두 내가 진실을 고를 거라 예상하고 있을 거야. 그런데 진실이 정말로 가장 안전한 선택일까? 꼭 그렇지도 않잖아. 그건 어떤 질문이냐에 따라 달라지는 거야.'

결정을 내리지 못하고 갈팡질팡하는 사이, 심장은 점점 더 빠르게 고동쳤다. 이윽고 다시 한번 생각할 틈도 없이 운명의 말이 페르세포네의 입에서 튀어 나왔다.

"대담, 난 대담을 고르겠어."

페르세포네는 대답을 하고서야 아테가 짓궂은 장난과 충동적인 행동으로 이름나 있다는 사실을 떠올렸다. 페르세포네는 대담한 도전을 받을 대상을 그야말로 잘못 고른 셈이었다.

"좋았어!"

아테는 구미가 당긴다는 듯 두 손을 싹싹 비볐다. 두 눈에서 심술 맞은 기쁨이 반짝반짝 빛났다. 아테는 페르세포네 쪽으로 고개를 들이밀며 신이 나서 외쳤다.

"페르세포네 언니, 내일 밤 콘서트에서…… 오르페우스한테 사인을 받아서 언니가 대담하다는 걸 증명해요!"

2
오르페우스 최고!

　같은 금요일 밤, 하데스는 남학생 기숙사 휴게실에서 친구 아폴론과 아레스, 그리고 나머지 소년 신 몇 명과 함께 시간을 보내고 있었다. 아폴론이 던진 농담에 모두 너털웃음을 터뜨리던 순간, 하데스의 목덜미에 갑자기 오싹 소름이 돋았다. 지하 세계에 말썽이 일어났다는 신호였다.

　하데스는 자리를 뜨고 싶지 않았다. 아폴론이 천상천하 밴드를 위해 새로 만든 가락에 우스꽝스러운 노랫말을 붙이며 한참 신나게 노는 중이었다.

　그러나 하데스는 맡은 임무에 충실해야 한다는 것도, 지금 당장 일어나야 한다는 것도 잘 알고 있었다. 어서 가서 지하 세계에 무슨 일이 벌어지고 있는지 확인해야 했다. 하데스는 조용히 휴게실을 빠져나와 아래층으로 향했다.

잠시 후 하데스는 학교 건물 밖으로 빠져나와 대리석 타일이 깔린 안뜰을 가로질렀다. 밤하늘에 실눈썹만 한 그믐달만 걸려 있어 사방이 어두웠다. 그런데 어찌된 일인지 저 멀리 체육관의 횃불이 환하게 밝혀져 있었다. 하데스가 아는 한 오늘 밤에는 운동 경기나 연극, 댄스파티 같은 행사가 없었다.

'아, 맞다. 페르세포네가 응원단 아이들과 체육관 야영을 한다고 했지.'

그런데 그때, 체육관 옆문이 살며시 열리더니 검은 그림자 둘이 안으로 미끄러지듯 들어갔다. 어둠 속이었지만 그 시커먼 형체는 분명 짧은 머리카락에 딱 벌어진 어깨를 하고 있었다.

'어, 남학생 아니야? 설마 여학생 야영 장소에 몰래 숨어드는 거야?'

하데스는 곧장 체육관 쪽으로 걸음을 옮겼다. 잠시 후 하데스는 체육관 옆문을 살며시 열고 안을 재빨리 살폈다.

'우아!'

체육관 바닥에는 침낭과 여학생들이 좋아하는 온갖 물건들이 펼쳐져 있었다. 여기저기 여학생들이 둘씩 혹은 작은 무리를 지어서 수다를 떨고 깔깔거리며 웃고 있었다.

하데스는 체육관 한가운데에 모여 앉은 가장 큰 무리에서 치렁치렁한 빨간 머리를 보았다.

'페르세포네가 저기 있구나! 하긴 당연하지. 페르세포네는 우리 학교에서 가장 인기 있는 아이 중 한 명이잖아. 거의 모든 아이가 페르세포네를 좋아하는걸. 나도 그렇고.'

여학생들이 나누는 대화 속에서 간간이 '십대들의 두루마리 잡지'라든가 '오르페우스'라는 말이 들려 왔다. 그런데 그때 갑자기 아프로디테가 휘청거렸다. 하데스는 얼른 들어가서 도우려고 문을 잡아당겼다. 그런데 하데스가 문을 휙 열기 직전에 아프로디테가 다시 몸을 똑바로 일으켜 서더니 까르르 웃음을 터뜨렸다.

하데스는 여학생들이 아무 문제없이 즐겁게 지내고 있다는 걸 확인하고 안심했다.

'아까 숨어든 녀석들은 어디에 있는 거지?'

하데스의 검은 눈동자가 체육관 안을 재빨리 훑었다. 아니나 다를까 7미터 정도 떨어진 관중석 밑의 빈 공간에 남학생 둘이 웅크리고 숨어 있었다.

'퀴도이모스, 마카이! 여학생들을 몰래 훔쳐보다니 이 못된

녀석들!'

하데스는 남들 눈에 띄지 않도록 벽에 바싹 붙은 채 체육관으로 들어섰다. 소리 없는 몸놀림이 마치 지하 세계의 영혼 같았다. 일 분 뒤 하데스는 두 염탐꾼 바로 뒤에 섰다. 하데스가 지켜보는 앞에서 퀴도이모스가 머리 위의 관중석 틈으로 팔을 내밀어 두루마리 잡지를 슬쩍했다. 아마 여학생 중 하나가 그 자리에 두고 간 듯했다.

"재미있냐?"

하데스가 빈정거리는 목소리로 속삭이자, 퀴도이모스와 마카이가 고개를 휙 돌렸다. 둘의 눈은 마치 튀어나오기라도 할 듯 휘둥그레져 있었다.

하데스는 검지로 체육관 문을 가리켰다.

"당장 나가."

하데스와 두 염탐꾼은 여학생들 눈에 띄지 않게 조심하면서 밖으로 향했다. 남학생이 여학생을 몰래 훔쳐보는 게 학교 규칙을 위반하는 것인지는 모르지만 떳떳한 행동이 아니라는 것만은 확실했다.

'지금 당장은 교장 선생님께 이 문제를 알릴 겨를이 없어. 아무래도 내가 직접 해결해야 할 것 같군. 지하 세계에선 이런 일

을 내가 다 도맡아 처리하니까 비슷한 셈이겠지.'

체육관 문을 나선 하데스는 얼른 주문을 걸었다. 퀴도이모스와 마카이가 다시 들어가지 못하게 하기 위해서였다.

체육관을 지키는 문이여,
그 두 팔을 굳게 잠그라.
내일 태양이 빛날 때까지
오직 여자만이 통과하리라.

이어 하데스는 지하 세계에서 말썽을 일으킨 영혼을 대할 때처럼 팔짱을 턱 끼고 두 골칫덩이를 매섭게 노려보았다.

"너희가 한 행동을 해명해 봐."

하데스가 명령했다.

"아니면 내가 교장 선생님께 이 일을 말씀드릴까?"

하데스의 위협이 제대로 먹혀들었다. 퀴도이모스와 마카이는 허둥지둥 변명을 늘어놓았다.

"누굴 해친 것도 아니잖아. 그냥 궁금해서 그랬어."

마카이가 징징거리자 퀴도이모스가 고개를 열심히 끄덕이며 덧붙였다.

"넌 남학생이 옆에 없을 때 여학생끼리 무슨 이야기를 하는지 궁금하지 않아?"

"아니."

하데스가 딱 잘라 말했다.

"그건 여학생들 문제지 남학생이 신경 쓸 일이 아니야. 난 남 얘기하는 걸 좋아하지 않아."

하데스는 일부러 힘주며 한마디를 덧붙였다.

"물론 염탐꾼도 좋아하지 않지."

그러자 마카이가 빈정빈정 대꾸했다.

"어, 그래서? 우리 '염탐꾼'들이 조금 전에 페르세포네가 한 말을 엿들었거든. 넌 당연히 궁금하지 않겠구나?"

퀴도이모스도 얼씨구나 나섰다.

"페르세포네가 인간 록 스타 오르페우스한테 목을 매더라는 얘기는 굳이 할 필요가 없겠어. 아, 그 녀석을 '매력적'이라고 생각하더라는 것도 말할 필요 없겠지."

퀴도이모스가 음흉하게 웃으며 덧붙였다.

"어이, 하데스. 경쟁자가 생긴 것 같아!"

이어 퀴도이모스는 관중석에서 훔친 두루마리 잡지로 하데스의 가슴팍을 한 대 퍽 치고서 하데스를 향해 던졌다. 하데스는 아래로 떨어지는 두루마리를 향해 본능적으로 손을 뻗었다. 두루마리를 잡고서 얼른 표지를 내려다보니 오르페우스의 그림이 있었다. 하데스는 본 적 없는 최신 호인 것 같았다. 하데스가 다시 고개를 들었을 때, 두 말썽꾼은 이미 달아나고 없었다.

하데스는 체육관 문 옆에 걸린 횃불에 표지를 비추어 보았다. 표지 그림 밑에 오르페우스가 새 히트곡을 부르는 중이라는 설명이 쓰여 있었다. 오르페우스 주위에는 환호성을 지르는 여자아이들이 가득했다. 인간 세상에서 오르페우스의 인기가 정말 대단하긴 한 것 같았다. 하기는 올림포스 학교 여학생들 모두 오르페우스라면 사족을 못 쓸 정도이고, 남학생들도 그의 음악적 재능을 부러워했다. 사실 하데스도 마찬가지였다.

원래 하데스는 꽤 자신감 있는 아이였다. 특히 지하 세계를 다스릴 때면 그런 면이 더욱 빛을 발했다. 그런데 어째서인지 페르세포네에 대해서 마카이, 퀴도이모스 일당이 지껄여 댄 소리에는 마음이 불편해졌다. 심지어 질투도 약간 났다.

'아니야, 이거야말로 놈들이 노린 반응이잖아. 내 맘 속에 질투의 씨앗을 심으려는 거야.'

하데스는 인상을 확 찌푸렸다.

'그 씨앗이 싹을 틔우게 내버려 두지 말자. 페르세포네가 오르페우스를 좋아하는 게 어때서? 그런다고 바뀌는 건 아무 것도 없어. 페르세포네가 한결같이 내 친구로 남아주리란 걸 난 분명히 알고 있잖아. 우리는 서로를 이해하고 정말 잘 지내고 있는걸.'

 하데스는 무심코 목에 걸고 있던 목걸이를 위로 쭉 잡아당겼다. 사슬 끝에 달린 작은 유리구슬이 만져졌다. 유리구슬 속에는 아주 작은 석류 씨앗 하나가 들어 있었다.

 하데스와 페르세포네가 처음 만났을 때, 페르세포네는 하데스에게 씨앗 멀리 뱉기 시합을 하자고 했다. 하데스는 둘의 만남을 기념하기 위해 그때 썼던 씨앗을 담아 유리구슬로 만들었고, 행운의 부적처럼 가지고 다녔다. 하지만 사람들이 그게 무엇이냐고 물을까 봐 늘 옷 안에 감추고 있어서 페르세포네조차 그 사실을 몰랐다.

 '아무한테도 알리고 싶지 않아. 나만의 비밀이란 게 있는 거니까.'

 하데스는 행운의 부적을 만지작거리며 이제 지하 세계로 내려가면 운이 꽤 필요할 거라고 생각했다. 아까부터 목덜미에 소름이 더 자주 돋고 있었다. 지하 세계의 문제가 점점 커지고 있다는 뜻이었다. 하데스는 얼른 목걸이를 옷 안에 넣었다.

"지하 세계의 전차여, 내게로 오라!"

하데스의 명령이 떨어지자마자 갑자기 땅이 쩍 갈라지더니 하데스의 전차가 땅 위로 솟아 나왔다. 윤기가 자르르 흐르는 흑마 네 필이 금색 테두리가 진 검은색 전차를 끌고 있었다. 하데스는 전차가 땅에 닿기도 전에 훌쩍 뛰어올라 고삐를 잡았다. 〈십대들의 두루마리〉 잡지는 펼쳐 보지도 않은 채 전차 바닥에 휙 집어던졌다. 당연히 하데스는 잡지의 내용 중에 올림포스 학교 학생에 대한 독자 투표 결과가 들어 있다는 걸 몰랐다.

"지하 세계로!"

하데스가 큰 소리로 외쳤다. 땅이 갈라진 틈으로 흑마들이 힘차게 뛰어들자 전차가 마법처럼 땅속으로 들어갔다.

잠시 후 하데스는 지하 세계에 도착했다. 놀랍게도 여자아이 대여섯 명이 스틱스 강변을 어슬렁대고 있었다. 그중 한 명이 하데스의 전차를 보더니 손짓을 했다. 그러자 나머지 여자아이들도 신이 난 듯 폴짝폴짝 뛰었다.

'설마 날 보고 신이 난 거야?'

그런데 자세히 보니 여자아이들이 손에 커다란 팻말을 들고 있었다. 하나는 '하데스♥포에버'라고 쓰여 있고, 다른 하나는 '최고 매력남 하데스!'라고 쓰여 있었다.

'엉? 난데없이 왜 나더러 매력적이라는 거지? 대체 무슨 일이야?'

콘서트 날 밤

페르세포네는 여학생 기숙사 복도를 허둥지둥 달렸다. 그렇지 않아도 마음이 바쁜데, 옆에 끼고 있는 짐 가방이 옆구리를 툭툭 치며 재촉했다. 오늘은 토요일, 오르페우스의 콘서트가 열리는 날이었다.

올림포스 학교 기숙사에서 지내는 여학생은 거의 대부분 둘이서 방 하나를 나눠 썼다. 그런데 룸메이트 없이 혼자 지내는 아프로디테가 콘서트에 가기 전에 함께 준비하면 더 재미있을 거라며 페르세포네를 초대했다.

금요일 밤 체육관 야영을 마친 뒤 페르세포네는 정말 정신없이 바쁘게 지냈다. 오전에는 내내 학교 온실에서 원예학 수업에 관련된 아주 중요한 실험을 했다. 그 후 집에 가서는 엄마 데메테르 여신을 도와 정원에서 꽃을 수확해 엄마 가게로 옮겼다. 데메테르 여신은 불멸 쇼핑센터에서 '데메테르의 데이지, 수선화, 그리고 꽃이 주는 기쁨'이라는 가게를 운영했다. 모든 일을 다 마치고 나자 엄마는 직접 페르세포네를 학교에 데려다주었고, 이제 겨우 도착한 참이었다.

방에서 튀어나오고 방으로 튀어 들어가는 아이들로 복도가 북적였다. 페르세포네는 아이들에게 인사를 건네며 서둘러 아프로디테의 방으로 향했다. 오늘 밤에는 방문을 활짝 열어 놓은 아이들이 많았다. 웃음소리와 잔뜩 흥분한 목소리가 복도까지 흘러나왔다. 다들 무슨 옷을 입을지 어떻게 꾸밀지 이야기하느라 바빴다. 이렇게 큰 행사에 참가할 준비를 하려면 모두 힘을 합쳐야 하니까! 게다가 혼자 준비하는 것보다 친구들과 함께하는 쪽이 훨씬 재미있었다.

페르세포네는 드디어 아프로디테의 방에 도착했다. 예비 침대에 가방을 내려놓고, 아프로디테와 인사를 나누자마자 이리스와 아테가 방으로 뛰어 들어왔다. 아프로디테는 둘에게 살짝 손을 흔들어 인사하고는 다시 거울을 보며 열심히 화장을 했다.

이리스가 페르세포네에게 숨넘어갈 듯이 물었다.

"언니가 쓰는 꽃 향수 좀 빌려줄 수 있어요?"

"그럼, 잠깐만."

페르세포네는 가방을 뒤져 예쁜 크리스털 병 두 개를 꺼냈다. 한쪽에는 연보라색 액체가 들어 있고, 다른 쪽에는 우유 빛깔 액체가 들어 있었다.

"라벤더 러블리랑 아스포델 딜라이트 중에 어느 걸 쓸래?"

이리스와 아테 둘 다 라벤더 꽃으로 만든 연보라색 향수를 가리켰다.

"라벤더 러블리가 인기네."

페르세포네는 방긋 웃으며 향수병을 넘겨주었다. 이리스는 "고마워요."라고 인사하더니 곧장 복도로 쌩 달려 나갔다. 그런데 아테는 떠나기 전에 페르세포네에게 한마디를 더 남겼다.

"오늘 오르페우스의 사인을 받을 수 있도록 행운을 빌게요!"

페르세포네의 얼굴에서 웃음기가 사그라졌다.

"어, 고마워."

이리스와 아테가 떠나자 페르세포네도 단장을 하기 위해 자리에 앉았다. 그런데 또 다른 아이들이 물건을 빌리려고 우르르 몰려

들었다.

"페르세포네, 내 머리에 꽂을 만한 꽃 없을까?"

"페르세포네 언니, 꽃이 수놓인 스카프 좀 빌려주세요."

페르세포네는 속으로 생각했다.

'어머, 얘들은 내가 무슨 쇼핑센터라도 되는 줄 아나? 아니면 난 자기들이 필요로 하는 걸 뭐든 다 가지고 있을 거라고 한결같이 믿기 때문인가?'

한동안 같은 일이 반복되자 아프로디테가 아이들을 우르르 쫓아냈다.

"페르세포네 숨 좀 돌리게 내버려 둬!"

아프로디테는 꾸지람을 하면서도 아이들이 너무 마음 상하지 않도록 미소를 잃지 않았다. 모두가 떠나자 아프로디테는 방문을 닫고 옷장에 달린 전신 거울 앞에 섰다.

"아프로디테, 너 정말 멋져."

페르세포네의 칭찬에 아프로디테가 함박웃음을 지었다. 그러자 아프로디테의 아름다움은 한층 더 빛을 발했다. 아프로디테가 우아하게 한 바퀴 빙그르르 돌자 키톤 자락이 분홍빛 파도를 일으켰다. 아프로디테의 허리에서 조개 장식이 달린 허리띠가 반짝반짝 빛났다. 아프로디테의 긴 금발에는 분홍색과 빨간색 리본이 다양하게 장식되어 있었다.

페르세포네는 아프로디테를 바라보며 생각했다.

'아프로디테에게서 올림포스 학교에서 가장 화려하고 아름다운 아이라는 기품이 느껴져. 그 독자 투표 결과가 제대로 된 거지. '화려하다'라는 말은 저 키톤처럼 아프로디테한테 꼭 어울려. 아프로디테는 늘 어떤 옷을 입어야 할지 정확하게 알고 있는 것 같아. 고른 옷마다 언제나 아주 자연스러우면서도 멋져 보이니 말이야.'

페르세포네는 챙겨 온 키톤 네 벌 중 연초록색 키톤을 꺼냈다. 그러고는 전신 거울 앞에 서서 가슴팍에 대어 보았다. 키톤의 모양이나 색깔이 뭐랄까, 딱 '페르세포네다운' 느낌이었다.

'혹시 내 평소 스타일이 '얘들아, 난 늘 한결같은 아이란다.'라고 외치는 건 아닐까? 흠, 그렇다면 오늘 밤은 바꿔 보겠어!'

페르세포네는 마음을 굳게 먹고 키톤을 돌돌 말아 가방에 도로 쑤셔 넣었다.

사실 페르세포네는 옷을 좋아하긴 해도 뭘 입을지 깊이 고민하는 편이 아니었다. 그런데 그날 오후 집에서 짐을 꾸릴 때는 콘서트 때 뭘 입을지 도무지 결정할 수가 없었다. 독자 투표 결과가 신경 쓰여 이것저것 담다 보니 결국 짐이 너무 커져 버렸다. 페르세포네는 그 짐을 침대에 전부 펼쳐 놓고 빤히 내려다보았다.

'흠, 그다지 한결같지 않은 여자애라면 콘서트에 뭘 입고 갈까?'

슬쩍 옆을 보니 아프로디테가 반짝이는 분홍 립글로스를 바르고 있었다. 친구의 모습이 멋지긴 하지만 따라 하고 싶지는 않았다.

'나만의 새로운 스타일을 시도해 보고 싶어. 오늘 밤부터 새 출발을 하는 거야. 새로운 나를 위해 완전히 새로운 스타일을 찾아야 해.'

페르세포네가 계속 옷가지를 들었다 놨다 하자 아프로디테가 다가왔다.

"결정을 못하겠니?"

페르세포네가 아프로디테를 바라보며 대답했다.

"아, 꽃과 초록 잎사귀가 가득한 정원을 주제로 해 볼까 생각 중이야."

아프로디테가 탄성을 터뜨렸다.

"어머! 진짜 귀엽겠다!"

그때 누군가 문을 똑똑 두드렸다. 아프로디테가 문을 여니 아테나가 약간 지친 표정으로 서 있었다.

"아프로디테, 긴급 상황이야. 도와줄 수 있니?"

"당연하지. 난 준비도 거의 다 마쳤어. 그런데 무슨 일이야, 넌 예쁘기만 한데?"

아테나는 정말로 예뻤다. 푸른색 키톤 치맛자락에는 짙은 남색 물결무늬 장식이 살랑이고, 긴 갈색 머리에는 푸른색 머리핀이 반짝반짝 빛났다. 아테나는 평소에 화장을 하지 않지만 오늘 밤은 특별히 눈가에 하늘색 아이섀도를 바르고 있었다.

"칭찬 고마워. 그런데 내가 아니라 아르테미스가 긴급 상황에 처했어. 지금 새 화살집에 어울리는 옷을 고르려고 애쓰고 있는데, 문제는 그 화살집이 황토색이거든. 게다가 아르테미스는 콘서트에 화살집을 꼭 가져가겠대."

아프로디테의 눈썹이 위로 휙 치솟았다.

"왜? 뭣 때문에?"

아테나는 어깨를 들썩이며 '나도 모르지.'라는 표정을 지어 보였다.

듣고 있던 페르세포네가 대화에 끼어들었다.

"어딜 가든 늘 들고 다니니까 습관이 되어서 그런 거 아닐까?"

아테나가 대답했다.

"그럴 거야. 하지만 이번만큼은 말리고 싶어."

"알았어. 내가 해결할게."

아프로디테는 문을 나서려다가 페르세포네를 돌아보았다.

"넌 도움이 필요하지 않아?"

페르세포네는 상큼한 노란색 키톤을 집어 들며 방긋 웃었다.

"아니, 난 괜찮아. 어서 가 봐."

아프로디테와 아테나가 떠나자 페르세포네도 문을 닫고 작전에 돌입했다. 페르세포네는 치맛자락에 잎사귀 장식이 주르륵 달려 있는 노란색 키톤을 입고, 끈이 종아리까지 올라오는 샌들을 신었다.

'지금까지는 그럭저럭 괜찮은 것 같아.'

이어서 페르세포네는 귀걸이 두 쌍을 집어 들었다. 한 쌍은 가느다란 사슬 끝에 섬세한 나뭇잎이 달린 모양이고, 나머지 한 쌍은 귓불에 딱 달라붙는 노란색 데이지 모양이었다. 페르세포네는 얼굴 양쪽에 한 쌍씩 대고 거울을 빤히 쳐다보았다.

'흠, 어느 쪽이 조금이라도 덜 한결같아 보일까?'

갑자기 기가 막힌 아이디어가 번쩍 떠올랐다. 페르세포네는 왼쪽 귀에 데이지 귀걸이를 오른쪽 귀에 나뭇잎 귀걸이를 각각

하나씩 달았다.

페르세포네는 거울에 비친 자기 모습을 찬찬히 살펴보았다.

'귀걸이를 짝짝이로 달고 있는 걸 보면 아이들이 어떻게 생각할까?'

페르세포네는 머리카락을 귀 뒤로 휙 넘겼다. 나뭇잎 귀걸이가 달랑달랑 흔들렸다.

'뭐, 누가 어떻게 생각하든 상관없잖아? 이제 더 이상 한결같은 모습을 유지한다고는 생각하지 않겠지!'

페르세포네는 점점 더 흥이 돋았다. 어차피 '한결같지 않은' 모습을 시도하기로 한 이상 최선을 다해 볼 작정이었다.

'이제 화장을 해 볼까?'

각 기숙사 방마다 책상이 두 개씩 있어서 아프로디테는 남는 책상을 화장대로 썼다. 책상에 온갖 종류와 색깔의 화장품들이 가지런히 정리되어 있었다. 한쪽에 놓인 은쟁반에는 상상할 수 있는 모든 색깔의 매니큐어와 립글로스가 줄지어 있고, 조그마한 아이섀도, 볼연지 등이 가득했다. 거의 자그마한 화장품 가게나 다름없었다!

페르세포네는 의자에 앉아 어떤 걸 바를지 곰곰이 생각해 보았다. 얼마 후에 결정을 내린 페르세포네는 가늘고 기다란 상자를 톡톡 두드렸다. 뚜껑이 탁 하고 열리더니 마법 화장 붓이 튀어나와 페르세포네의 얼굴 앞에 둥둥 떠다녔다.

"내 얼굴에 꽃을 그려 줄 수 있어?"

화장 붓은 색다른 주문에 신이 난 듯 공중제비를 휙 돌았다. 그러더니 아프로디테가 열어 놓은 색조 화장품으로 쌩 날아갔다가 다시 페르세포네의 볼로 다가왔다.

화장 붓이 부지런히 일하는 동안 페르세포네는 예전 〈십대들의 두루마리〉 잡지를 휘리릭 넘겨보았다. 그러다 문득 구불구불 길게 물결치는 머리칼을 가진 여자아이 그림에 눈길이 멈추었다. 페르세포네의 머리 모양과 비슷한데 훨씬 더 정돈되지 않아 풀어헤친 것 같은 느낌이었다.

'어머, 근사하다!'

어느새 화장 붓이 모든 작업을 마쳤다. 페르세포네는 아프로디테의 손거울을 들어 올렸다. 긴장되기도 하고, 기대되기도 해서 손이 살짝 떨렸다. 거울에 비친 모습을 본 순간 페르세포네는 숨을 흡 하고 들이쉬었다.

페르세포네의 왼쪽 광대뼈에는 반짝이는 데이지가 피어나 있었다. 주황색·노란색·흰색 꽃 사이로 조그만 초록색 잎사귀와 넝쿨이 지나다녔다. 넥타르를 마시는 불멸의 존재들은 몸이 은은히 빛나는데, 거기에 반짝이는 꽃까지 더해지니 더욱 잘 어울렸다.

"완벽해!"

페르세포네는 나직이 탄성을 터뜨리고 화장 붓을 향해 빙그레 웃었다.

"고마워!"

화장 붓이 인사하듯 붓촉을 기울이더니 다시 상자로 날아갔다. 붓이 들어가자 상자 뚜껑이 탁 하고 도로 닫혔다.

이제 머리 모양을 다듬을 차례였다. 페르세포네는 다시 아프로디테의 손거울을 들여다보며 중얼거렸다.

"거울아, 거울아. 내게 이 머리 모양이 어울릴지 보여 주렴."

페르세포네는 미리 골라 놓은 그림을 거울 한가운데 갖다 댔다. 곧바로 머리카락이 움직이는 느낌이 나더니 저절로 그림과 똑같은 모양으로 바뀌었다. 잠시 후 페르세포네는 그림을 떼어 내고 거울을 들여다보았다.

'우아, 멋있다! 머리카락은 여전히 길면서 윤기도 흐르고, 뭔가 야성적인 느낌인걸. 마음에 들어! 그런데…… 아직은 뭔가 조금 부족한 것 같아.'

페르세포네는 자리에서 벌떡 일어나 가방에서 잎사귀를 엮어 만든 화환을 꺼냈다. 그러고는 아프로디테의 전신 거울 앞에 서서 화환을 공중으로 던졌다.

> 오, 초록빛 화환이여.
> 내 머리를 엮어다오.
> 아무도 본 적 없는
> 아름다움을 더해다오.

화환이 아래로 떨어지면서 저절로 페르세포네의 머리카락에 엮였다. 마침내 마지막 잎사귀가 자리를 잡았을 때쯤 문이 열렸다. 페르세포네가 휙 돌아선 순간 아테나, 아프로디테, 아르테미스가 방으로 들어섰다. 페르세포네는 기대에 부푼 채 방긋 웃으며 불멸 쇼핑센터에서 본 패션모델처럼 자세를 취했다. 머리카락이 부드럽게 휘날리며 왼쪽 얼굴을 가리다시피 하자 뭔가 신비로우면서도 '한결같지 않은' 스타일이라는 느낌을 주었다.

"얘들아, 나 어때?"

페르세포네는 친구들에게 새로운 모습을 선보이자니 흥분되기도 하고 걱정스럽기도 했다. 만약 친구들의 반응이 좋지 않다면 열정도 확 식어 버릴 것 같았다.

페르세포네를 본 아프로디테와 아테나의 눈이 휘둥그레졌고, 아르테미스는 헷갈린다는 듯이 고개를 갸웃거렸다.

잠시 침묵이 흐른 뒤 아프로디테가 말했다.

"멋있어!"

아테나도 고개를 끄덕였다.

"맞아. 얼굴에 그림을 그린 것도 독특하고, 머리 모양도 과감하네!"

"다른 사람처럼 보여."

아르테미스는 그게 썩 좋은 일은 아니라는 투로 말했다. 하지만 이내 빙긋 웃으며 한마디를 덧붙였다.

"금방 익숙해지겠지, 뭐."

페르세포네는 조용히 안도의 한숨을 쉬었다.

'새로워진 내 모습에 친구들이 놀랐나 봐. 그래도 새로운 걸 시도해 보고 싶다는 내 바람을 지지해 줬어.'

페르세포네도 친구들에게 칭찬을 해 줄 차례였다.

"아르테미스, 빨간 키톤 정말 예쁘다."

그 말에 기분이 좋아진 아르테미스가 옷매무새를 가다듬으며 말했다.

"고마워."

문득 페르세포네는 아르테미스가 화살집을 메고 있지 않다는 걸 깨달았다. 아프로디테와 아테나가 어떻게든 설득한 모양이었다. 페르세포네가 잘못 본 게 아니라면 아르테미스가 입고 있는 빨간 키톤도 원래 아프로디테의 옷이었다. 아프로디테는 옷이 너무 많아서 아르테미스 방의 남는 옷장에도 옷을 보관하고 있었다. 아마 아르테미스한테 한번 입어 보라고, 그리고 쭉 입고 있으라고 구슬린 게 분명했다.

"콘서트 장에 꼴찌로 도착하는 아이가 술래!"

누군가 복도에서 외쳤다.

"우리도 떠나자."

아프로디테가 두 눈을 반짝이며 말했다.

네 여신은 앞으로 펼쳐질 즐거운 시간에 잔뜩 들뜬 채 밖으로 달려 나갔다.

4 반해 버렸어!

페르세포네는 몇 걸음 떼지도 않았는데 발을 헛디뎌 하마터면 넘어질 뻔했다. 왼쪽 머리칼이 자꾸 얼굴을 덮어서 앞이 잘 보이지 않았다.

'그래도 완전히 새로워 보일 테니까 괜찮아. 오늘 밤이야말로 한결같다는 이미지를 벗어 버릴 기회인걸! 부디 넘어져서 목이 부러지지만 말아야 할 텐데.'

아래층으로 내려가는 계단 앞에 도착했을 때 페르세포네가 갑자기 걸음을 멈추었다.

"아차! 잊어버릴 뻔했네."

페르세포네는 뒤로 돌아 다시 아프로디테의 방으로 갔다.

방에 들어선 페르세포네는 가방에서 자그만 파피루스 종이 한 장과 잉크가 채워진 깃털 펜을 얼른 꺼냈다. 그러고는 키톤 색깔과 어울리는 손가방을 찾아서 종이와 펜을 잘 챙겨 넣었다. 모두 오르페우스의 사인을 받을 때 필요한 물건이었다. 만약 페르세포네가 아테의 도전을 대담하게 받아들이기로 한다면 말이다!

학교 뜰에 나가자 학생들을 콘서트 장으로 싣고 갈 전차가 줄지어 대기하고 있었다. 제우스 교장 선생님이 전차를 전교생이 타고도 남을 만큼 넉넉히 부른 것 같았다. 각 전차마다 올림포스 학교 로고와 번개 그림이 커다랗게 새겨져 있었다.

이미 전차를 골라 탄 아테나, 아프로디테, 아르테미스가 페르세포네를 소리쳐 불렀다. 세 마리 은빛 유니콘이 끄는, 은으로 만들어진 전차였다. 넷은 전차에 설치된 분홍색 좌석에 자리를 잡고 앉았다. 하늘을 나는 동안 바람 때문에 머리 모양이 흐트러지지 않도록 아프로디테가 전차에 보호 주문을 걸었다.

잠시 후 네 친구를 태운 전차가 올림포스 학교 위로 힘차게 날아올랐다. 아르테미스가 유니콘의 고삐를 잡고 길을 안내했다. 구름 한 점 없는 밤하늘에 수많은 별이 다이아몬드처럼 반짝이고 있었다. 마법 같은 밤이었다.

그러나 목적지에 가까워질수록 페르세포네는 긴장감에 몸이 뻣뻣이 굳었다.

'어떻게 해야 오르페우스한테 사인을 받을 수 있을까?'

어젯밤부터 페르세포네는 다양한 시나리오를 꾸며 보았다. 쉬는 시간에 분장실에서 죽치고 기다린다든가, 콘서트가 끝나자마자 무대로 뛰어 올라간다든가 방법은 여럿 있었다. 그러나 하나같이 불가능하거나, 생각만 해도 섬뜩하거나, 창피했다. 아예 세 경우에 다 해당되는 것도 있었다!

"그렇지, 페르세포네?"

아테나의 목소리에 페르세포네는 퍼뜩 생각에서 깨어났다.

"응? 뭐라고?"

페르세포네는 어떤 이야기를 놓쳤는지 짐작이 가지 않아 친구들의 얼굴만 물끄러미 쳐다보았다. 그러자 아르테미스가 대답했다.

"체육관 야영 때 했던 놀이 때문에 굳이 바보 같은 도전을 할 필요는 없다고 말했어."

아테나가 다정한 목소리로 덧붙였다.

"네가 오르페우스의 사인을 받지 않더라도 아무도 신경 쓰지 않아."

"나도 알아."

페르세포네는 속으로 중얼거렸다.

'맙소사, 친구들은 내가 대담하지 않아서 그 정도 도전도 해내지 못할 거라 생각하는 걸까?'

생각이 꼬리에 꼬리를 물고 이어졌다.

'그런데 꼭 해야만 할까? 난 주어진 임무를 늘 완수해 내는 편이잖아. 만약 오늘 밤 오르페우스의 사인을 받는 데 성공하면, 그것도 한결같은 선택을 한 셈이 되는 건가? 그건 내가 원하는 것과 정반대되는 선택인데? 휴, 일이 점점 복잡하게 되어 가는구나. 헷갈려!'

아프로디테가 말문을 열었다.

"애당초 아테가 그런 어려운 도전 과제를 주는 게 아니었어. 원래 진실 혹은 대담 놀이에서 대담은 그 자리에서 바로 할 수 있는 걸 제시해야 하잖아."

그러자 페르세포네는 스스로를 옭매는 대답이 될 줄 뻔히 알면서도 고집스럽게 말했다.

"난 걱정하지 않아. 오히려 재미있을 것 같아."

페르세포네는 친구들을 향해 활짝 웃었지만 사실 오르페우스처럼 엄청난 스타에게 다가갈 생각에 벌써부터 속이 뒤틀리는 것 같았다.

얼마 지나지 않아 올림포스 학교 전차들이 그리스의 오르페움 극장 앞에 차례차례 착륙했다. 이미 해가 진 지 오래지만 횃불 덕분에 사방이 훤했다. 새로 지은 극장 앞에 '오르페우스의 라 리라 리라 콘서트 오늘 밤 첫 공연!'이란 거대한 현수막이 걸려 있었다.

많은 올림포스 학교 학생들이 벌써 콘서트 장으로 줄지어 들어가고 있었다. 전 세계의 학교에서 초대된 인간 학생도 많이 보였다. 페르세포네와 친구들도 인파를 따라 극장으로 향하는 계단을 올라갔다.

"아레스는 아직 안 왔나?"

아프로디테가 주위를 휘휘 둘러보며 중얼거렸다.

"아레스랑 남학생 몇몇이 콘서트 시작하기 전이나 마친 뒤에 오르페우스랑 만났으면 하더라고. 음악에 관해 조언을 듣고 싶나 봐."

페르세포네는 친구들보다 조금 앞서 걸으며 관객들을 눈으로 훑었다. 혹시 하데스가 있을까 기대했지만 어디에서도 찾을 수 없었다. 하데스는 지하 세계를 다스리느라 수업을 빠질 때가 많았고, 오늘도 하루 종일 지하 세계 일에 매여 있었다.

'아, 부디 하데스도 오늘 밤 행사에 참석해야 할 텐데.'

뒤에서 아테나가 페르세포네에게 뭐라고 말을 걸었다. 페르세포네가 고개를 돌리자 이번에도 머리카락이 나부끼며 얼굴을 가렸다.

쿵!

페르세포네는 그만 앞에 서 있는 아이와 부딪히고 말았다.

"어머, 미안해!"

페르세포네는 황급히 뒤로 물러났다.

"딴 곳을 보고 있었어."

"아, 괜찮아."

분명 남자애 목소리인데, 비단처럼 매끄러웠다. 마치 노랫소리를 듣는 것 같아서 듣는 사람의 기분이 밝아질 정도였다. 페르세포네는 얼굴을 가린 머리카락을 쓸어 올리며 목소리의 주인을 확인했다.

'오, 신이시여!'

페르세포네가 부딪힌 사람은 다름 아닌 오르페우스였다!

'이제 곧 콘서트를 시작해야 할 시간인데 왜 극장 밖에 나와 있는 걸까? 관객들 사이에서 오르페우스를 만나게 될 줄은 상상도 못 했어.'

페르세포네는 너무 놀라 눈을 휘둥그레 뜨고 오르페우스를 가만히 쳐다만 보았다. 무슨 말이라도 해야겠다 싶은데 입이 떨어지지 않았다.

"아, 어, 음."

그 순간 오르페우스가 어떤 여자아이에게 다가갔다. 그 아이는 머리카락을 밝은 분홍색으로 물들이고, 양팔에 셀 수 없이 많은 팔찌를 차고 있었다. 오르페우스가 소리쳤다.

"에우리디케!"

그사이 페르세포네의 세 친구가 어느새 곁에 다가와 서 있었다. 아프로디테가 입을 열었다.

"우아, 설마 저 사람……."

아테나가 말을 받았다.

"오르페우스야?"

페르세포네가 고개를 끄덕였다.

'악! 사인 받을 절호의 기회를 놓쳐 버리다니! 난 너무 바보 같아!'

오르페우스가 분홍 머리 소녀에게 말했다.

"디키, 여기 있었구나! 왜 이렇게 늦었어. 걱정했잖아."

분홍 머리 소녀는 키득키득 웃으며 오르페우스의 어깨를 장난스럽게 톡톡 쳤다.

"올피, 넌 걱정이 너무 많아. 옷 고르다 보니 어느새 시간이 이렇게 흘렀더라고. 나 어때 보여? 색깔이 아주 선명하지 않니?"

분홍 머리 소녀는 특이하게도 왼쪽은 검은색, 오른쪽은 흰색인 키톤을 입고 있었다. 소녀가 한 바퀴 빙그르르 돌자 어깨에 달린 희고 검은 깃털이 파르르 떨렸다. 그러고 보니 그 애도 페르세포네처럼 귀걸이를 짝짝이로 달고 있었다. 그런데 그게 전부가 아니었다. 분홍 머리 소녀는 샌들도 짝짝이로 신고 있었다! 모양은 똑같은데 한 짝은 검은색이고 한 짝은 흰색이었다.

"용서해 줄 거지?"

소녀가 장난스러운 목소리로 묻더니 눈썹을 파르르 떨었다. 오르페우스는 가지런한 이를

드러내며 환하게 웃었다.

"당연하지."

페르세포네는 그 둘을 바라보며 생각했다.

'우아! 저 분홍 머리 여자애는 '한결같음'의 반대말 같은 사람이네. 인간 세상에서 가장 인기 있는 록 스타랑 만날 약속에 늦다니. 진짜 대담한걸! 게다가 아무렇게나 걸친 것 같은 짝짝이 장신구나 옷도 잘 어우러져서 멋져. 나만의 스타일이란 바로 저런 거 아니겠어? 나도 저 애처럼 되고 싶어!'

페르세포네는 소녀를 찬찬히 살폈다. 페르세포네도 오르페우스처럼 점점 그 애에게 마음이 홀렸다.

"저 여자애는 아마 올피, 아니 오르페스우스의 여자 친구인 것 같아."

아프로디테가 말했다. 아프로디테는 사랑의 여신이라서 누가 누구를 좋아하는지 육감으로 알 수 있었다. 그런데 오르페우스와 에우리디케가 서로를 좋아한다는 걸 알아보려면 굳이 육감이 필요하지 않았다. 누가 봐도 눈에 훤히 보이니까!

"저 애는 에우리디케라고 해."

갑작스러운 파마의 목소리에 페르세포네는 놀라서 풀쩍 뒤로 물러났다. 새로 선물 받은 날개 덕분에 파마한테 어디선가 휙 하고 나타나는 재주까지 생긴 것 같았다. 원래 파마는 남다른 육감을 가지고 있는데 그건 바로 누가 무엇을 궁금해하는지 기가 막히게 알아맞히는 것이었다. 게다가 대부분의 경우 정확한 답도 알고 있었다. 바로 지금처럼!

"오르페우스의 보조 가수로 함께 콘서트 투어를 다니고 있대."

파마는 구름 글자를 퐁퐁 피워 올리며 열심히 정보를 전했다.

"너희도 오르페우스의 히트곡 미소 뮤즈 알지?"

"오, 너의 미소는 나의 뮤즈. 그 미소가 내 맘을 홀리지. 하지만 난 네 맘 몰라 헷갈리지. 그대여 날 상처 주지 말아 줘. 오, 노 노노노!"

파마 뒤에서 누군가 나지막이 노래를 흥얼거렸다. 모두 그 쪽으로 눈길을 돌리니 메두사가 다가오고 있었다. 메두사는 노래의 후렴 부분을 서너 마디 더 흥얼거렸다.

페르세포네와 친구들이 순간 조용해졌다. 메두사는 노래 실력이 꽤 좋았다! 게다가 메두사 말대로 정말로 뱀들이 박자에 맞추어 몸을 흔들고 있었다!

'헉!'

메두사가 노래를 멈추고 파마를 쳐다보며 말했다.

"하던 얘기 계속 해 봐."

파마가 메두사를 보며 씩 웃었다. 파마와 메두사, 판도라는 친한 편이라 학생 식당에서 곧잘 같이 앉았다.

"그래. 어쨌든 오르페우스는 에우리디케를 자기 뮤즈로 여긴대. 소문에 따르면 오르페우스가 쓴 곡의 주인공이 대부분 에우리디케라더라. 지금 메두사가 부른 노래도 마찬가지고."

파마는 팔꿈치로 메두사를 장난스럽게 쿡 찔렀다.

"그나저나 너 노래 잘하더라?"

"고마워."

그때 한 남자아이가 오르페우스와 에우리디케에게 성큼성큼 다가갔다. 그 아이는 온몸에 근육이 울퉁불퉁 불거졌고, 팔에 코브라 문신을 새기고 있었다. 그런데 코브라 문신의 모양이 시시각각 바뀌는 게 아닌가? 페르세포네는 언젠가 불멸 쇼핑센터에서 마법 문신을 본 기억이 떠올랐다.

'틀림없이 그걸 붙인 거야. 우리 나이에 영구 문신을 새긴 아이는 한 번도 본 적이 없는걸.'

코브라 문신을 한 소년이 오르페우스와 에우리디케에게 말했다.

"이제 그만 가야지."

코브라 문신 소년은 인상을 찌푸리며 주위를 샅샅이 훑어보았다. 혹시 위험 요소는 없는지 찾는 듯했다. 이윽고 코브라 문신 소년이 안전하다고 판단했는지 오르페우스와 에우리디케를 데리고 극장 뒤로 향했다.

"저 애는 누구야?"

아테나가 묻자 파마가 냉큼 대답했다.

"오르페우스의 경호원이야."

순간 페르세포네는 눈이 휘둥그레졌다.

'뭐? 경호원이 있다고? 이건 전혀 예상하지 못했는데.'

경호원이 늘 오르페우스를 따라다닌다면 사인을 받기란 불가능했다. 페르세포네는 좋아해야 할지 어쩔지 알 수가 없었다.

파마가 다시 말을 이었다.

"저 애는 이름이 독사래. 늘 온갖 뱀 문신을 하고 다녀서 다들 그렇게 부른다더라."

독사라는 말에 메두사의 뱀 한 마리가 일어나더니 몸을 물음표 모양으로 구부렸다. 메두사가 그 사실을 눈치챘는지 활짝 웃으며 머리 위로 손을 뻗어 뱀을 쓰다듬었다.

"아냐, 독사야. 널 부르는 게 아니야."

빰, 빰, 빰, 빰!

두 전령이 극장 계단 꼭대기에 서더니 기다란 살핀스를 불었다. 관객들에게 어서 안으로 들어오라고 보내는 신호였다. 페르세포네 일행도 서둘러 움직였다. 드디어 오르페우스의 콘서트가 시작할 참이었다!

공연장에 들어서자, 땅에서 1미터 30센티 정도 솟아오른 무대가 먼저 보였다. 무대 주위에는 돌로 만든 의자가 반원 모양으로 설치되어 있고 관객이 가득했다. 반면 의자가 없는 무대 바로 앞쪽 공간은 비어 있었다.

"얘들아, 우리 앞으로 가자."

아프로디테가 친구들을 앞으로 밀었다.

잠시 후 막이 오르자 무대 한가운데에 오르페우스가 모습을 드러냈다. 관객들이 "와!" 하고 함성을 질렀다.

곧바로 오르페우스는 리라를 켜며 공연을 시작했다. 오르페우스의 목소리가 공연장에 울려 퍼졌다. 리라는 거북이 등껍질로 만드는데 보통 현이 여덟 줄을 넘지 않았다. 아폴론만 해도 일곱 줄짜리 리라를 썼다. 그런데 오르페우스가 가진 리라의 현은 특별히 열두 줄이었다. 지금까지 이렇게 복잡한 악기를 다룰 수 있는 사람은 오직 단 한 명 오르페우스뿐이었다.

공연이 어느 정도 무르익자 모든 관객이 박자에 맞추어 춤을 추고, 다 함께 노래를 불렀다. 남의 눈길이 신경 쓰여 그런 행동을 하지 못하는 페르세포네조차 오르페우스의 음악에 완전히 빠져들었다. 오르페우스와 그의 밴드가 빠른 노래를 부르면 친구들과 함께 방방 뛰고, 느린 노래를 부르면 천천히 몸을 흔들며 음악을 감상했다. 페르세포네는 친구들을 따라 손을 머리 위로 들고 무대를 향해 하트 모양을 그렸다. 모두 오르페우스에게 얼마나 그의 음악을 좋아하는지 보여 주고 싶은 것 같았다. 페르세포네와 친구들이 좋아하는 노래가 끝나자 넷은 신이 나서 서로를 부둥켜안고 폴짝폴짝 뛰었다.

"내 인생 최고의 콘서트야!"

아르테미스가 소리쳤다. 어찌나 흥분했는지 목소리가 갈라져 나올 정도였다. 아르테미스는 절대로 꺅꺅거리는 성미가 아니란 걸 알기 때문에 친구들은 풋! 하고 웃음을 터뜨렸다.

페르세포네도 말할 수 없이 멋진 시간을 보내고 있었다. 그렇지만 도전 과제가 떠오를 때마다 즐거움이 조금씩 사그라졌다.

'쉽게, 그리고 창피하지 않게 사인 받을 방법이 없을까?'

콘서트가 거의 끝나 갈 무렵이 되자 페르세포네는 드디어 결심이 섰다.

'그래, 지금 아니면 절대 못 할 거야. 해 버리자!'

페르세포네는 친구들 곁을 빠져나와 무대 쪽으로 조금씩 다가갔다. 무대까지 겨우 몇 미터만 가면 되는데 관객이 빼곡히 들어차 있어서 움직이기 어려웠다. 열 명도 넘는 여자아이가 페르세포네와 똑같은 생각을 하는지 콘서트가 끝났을 때 사인 받기 좋은 자리를 차지하려고 서로 거칠게 밀어 댔다.

페르세포네가 노리는 자리까지 겨우 몇 걸음 남았을 때, 에우리디케가 마지막 이중창을 위해 무대에 올라섰다. 순간 관객의 열기가 하늘을 찔렀다.

이리저리 떠밀리다 정신을 차려 보니 페르세포네는 무대 옆면에 거의 들러붙다시피 짓눌려 있었다. 오르페우스와 에우리디케의 이중창이 끝나려 하자 관객이 앞으로 몰리면서 페르세포네를 더욱 세게 밀었다. 페르세포네의 눈 바로 앞에 오르페우스의 샌들이 보일 정도였다. 페르세포네의 심장이 미친듯이 고동쳤다.

'위험해. 이러다 깔려 죽겠어!'

그 순간, 힘이 센 누군가가 두 손으로 페르세포네의 허리를 잡더니 위로 번쩍 들어 올렸다. 눈 깜짝할 사이에 페르세포네는 관객들 위로 높이 솟아 있었다.

'휴, 살았다!'

그런데 난데없이 오르페우스가 손을 내밀어 페르세포네를 무대 위로 끌어올렸다.

"안녕, 데이지 아가씨!"

오르페우스가 페르세포네의 볼을 보더니 농담을 툭 던졌다.

여자아이들이 헉하고 기겁하거나 잔뜩 기대에 차서 수군대는 소리가 공연장에 빠르게 퍼져 나갔다. 모두 무대에 이끌려 올라간 아이가 자신이었으면 하고 간절히 바라는 것 같았다.

반면 페르세포네의 머릿속에는 오직 한 가지 생각밖에 없었다. 페르세포네는 오르페우스의 반짝이는 두 눈을 똑바로 쳐다보며 불쑥 말을 꺼냈다.

"사인해 줄래요?"

모든 관객이 풋! 하고 웃음을 터뜨리면서 공연장이 들썩거렸다. 페르세포네는 무슨 일인가 싶어 관중석으로 눈길을 돌렸다. 그러나 무대의 햇불이 너무 밝아서 관중석이 잘 보이지 않았다.

"왜 웃는 거지?"

페르세포네는 혼잣말을 하며 머리카락을 휙 넘기고 곁에 서 있는 에우리디케를 쳐다보았다.

그러자 에우리디케가 속삭였다.

"이 극장은 음향 시설이 끝내주거든. 무대에서 하는 말을 관중석 끝에서도 들을 수 있어. 어쨌든 사람들이 널 비웃고 있는 건 아니니까 걱정 마. 다들 네가 농담을 한 거라고 생각할 거야. 넌 못 알아차린 것 같은데 방금 오르페우스와 난 '사인해 줄래요'란 노래를 불렀거든."

페르세포네의 볼이 발갛게 달아올랐다.

"아, 그런데 내가 곧바로…… 이제 어떤 상황인지 알겠어."

그사이 오르페우스는 관객을 슬슬 부추기고 있었다.

"여러분, 어때요? 데이지 아가씨한테 사인을 해 줄까요?"

관객 모두 박수를 치고, 함성을 지르며 "사인해 줘! 사인해 줘!"라고 외쳤다. 그러자 오르페우스가 관객을 즐겁게 해 주려는 듯 일부러 능청을 떨었다.

"이런, 사인을 해 주고 싶은데 펜도, 종이도 없네. 어쩌나?"

페르세포네가 냉큼 대답했다.

"그건 내가 가지고 있어."

그런데 대답하고 보니 손가방이 보이지 않았다. 아까 무대 밑에서 떠밀릴 때 떨어뜨린 모양이었다.

"이런, 조금 전까지 가지고 있었는데. 아, 잠깐! 마법으로 필요한 걸 만들어 내면 되겠구나. 조금만 기다려 줘."

페르세포네는 종이와 펜을 만들어 내는 주문을 기억해 내려고 열심히 머리를 굴렸다.

"음……."

분명히 2학년 때 배웠고, 쉬운 주문이라는 건 기억나는데 정작 주문 자체가 떠오르지 않았다. 페르세포네는 그 자리에 멍하게 서 있었다. 어마어마한 스타가 바로 옆에 있다는 사실이 감당하기 힘들고, 남들의 관심을 한 몸에 받는 상황도 달갑지 않았다.

페르세포네는 대충 이거다 싶은 주문을 중얼거렸다. 그러자 파피루스 종이와 깃털 펜 세트가 아니라 깃털 펜 한 자루만 손에 쥐어졌다. 주문이 반만 들어맞은 모양이었다.

'아, 이제 어떻게 하지?'

페르세포네는 일단 오르페우스에게 깃털 펜을 내밀었다. 그러자 오르페우스가 하하 웃으며 관객을 향해 짓궂은 미소를 지었다. 그러고는 갑자기 페르세포네의 손을 잡고 팔을 위로 들어 올리더니, 요란한 몸짓을 하며 페르세포네의 팔목에 사인을 했다.

페르세포네는 깜짝 놀라 자기 팔목을 멀뚱멀뚱 쳐다보았다.

'오르페우스가…… 사인을 해 줬어!'

손목부터 팔꿈치까지 오르페우스의 이름이 커다랗게 쓰여 있었다. 페르세포네는 더듬더듬 말을 꺼냈다.

"고, 고마워."

"오, 데이지 아가씨! 천만의 말씀."

이어 오르페우스가 페르세포네의 볼에 가볍게 뽀뽀를 했다. 관중석에 있던 모든 여자아이들이 부러워서 아! 하고 탄식을 터 뜨렸다.

에우리디케가 못 살아 하는 표정으로 눈알을 빙글 굴리더니 관객을 향해 씩 웃으며 외쳤다.

"못 말려 정말!"

두 가수는 앙코르 곡으로 또 다른 히트곡을 불렀다. 노래 제목은 일부러 고르기라도 한 듯 '못 말려 정말'이었다.

오르페우스와 페르세포네는 노래에 맞춰 즉흥 연기를 했다. 오르페우스가 페르세포네를 향해 사랑 고백을 하듯 노래를 부르면, 에우리디케는 질투에 몸이 달아 하는 척했다. 정말 재미있는 즉흥극이었고, 관객들은 좋아서 어쩔 줄 몰랐다. 페르세포네는 관객들의 눈길과 무대 조명을 한 몸에 받고 있었지만 시간

이 지날수록 점차 긴장이 풀렸다.

 '오늘 밤은 모든 일이 근사하게 잘 풀렸어. 도전 과제도 해냈고 사인도 받았잖아. 게다가 세상에서 가장 인기 있는 스타와 함께 어울렸는걸!'

5 매력적인 하데스

콰지직!

토요일 밤 하데스의 흑마가 지하 세계를 박차고 나와 오르페움 극장 앞에 멈춰 섰다. 하데스는 얼른 전차에서 뛰어내려 명령을 내렸다. 흑마들은 곧바로 전차를 끌고 다시 땅속으로 사라졌다.

빰, 빰, 빰, 빰!

마침 전령이 살핀스를 불어서 신호를 보냈다. 오르페우스의 콘서트가 시작하려는 참이었다!

하데스는 극장으로 들어가는 인파를 재빨리 훑어보았다. 늦게 도착하는 바람에 이미 극장 주변에는 전차가 가득 주차되어 있었고, 근처에서 사슴, 유니콘, 말이 한가로이 풀을 뜯고 있었다. 그 때문에 하데스는 하는 수 없이 극장에서 한참 떨어진 곳에서 땅을 뚫고 올라와야 했다.

하데스는 저 멀리 극장 계단 위에서 페르세포네와 친구들의 모습을 발견했다. 그쪽으로 서둘러 달려갔지만 페르세포네 일행은 금방 극장 안으로 모습을 감추었다.

"으읔!"

원래 하데스는 콘서트가 시작되기 전에 페르세포네를 만나려 했다. 스틱스 강변에 서성대는 인간 여자아이들을 어쩌면 좋을지 조언을 구하고 싶어서였다. 페르세포네는 종종 하데스가 어떤 문제에 대해 찬찬히 생각해 보고 답을 내도록 이끌어 주었다. 그런데 불행히도 너무 늦게 도착하는 바람에 이야기할 기회가 날아가 버린 듯했다.

"하데스!"

뒤에서 누군가 소리쳤다.

하데스가 돌아보니 천상천하 밴드 멤버인 아폴론, 아레스, 디오니소스가 올림포스 학교 전차를 타고 착륙하고 있었다. 하데스의 룸메이트이자 같은 천상천하 밴드에서 활동하는 포세이돈은 지중해에서 일어난 조난 사고를 조사하러 가고 없었다.

하데스는 얼른 친구들 쪽으로 뛰어갔다. 친구들은 반짝이는 진보라 색에, 커다란 황금 번개가 그려진 전차를 타고 왔다. 모르긴 해도 제우스 교장 선생님이 학생들 교통수단에 엄청 신경을 쓴 모양이었다.

아폴론이 먼저 전차에서 폴짝 뛰어내렸다.

"얘들아, 서둘러!"

아폴론이 친구들을 재촉했다.

"콘서트 끝나고 오르페우스를 만나려면 무대 가까운 곳에 자리를 잡아야 한단 말이야."

하데스가 놀라 되물었다.

"오르페우스를 만난다고?"

하데스와 올림포스 학교 남학생들은 극장을 향해 부지런히 걸었다. 아레스가 먼저 말을 꺼냈다.

"리메니우스 선생님이 우리더러 오르페우스를 한 주 동안 학교에 초대하라고 하셨어."

디오니소스가 설명을 더했다.

"우리 음악 수업을 참관하고, 가능하면 미니 콘서트도 열고 말이야."

"진짜 끝내주지 않냐?"

아폴론이 신이 나서 한마디 하더니 문득 뭔가 떠오른 듯 하데스를 똑바로 쳐다보며 물었다. 아폴론의 얼굴에는 궁금증이 가득했다.

"만약 오르페우스가 학교에서 콘서트를 열겠다고 하면, 포세이돈이 없는 동안 네가 드럼을 맡을 수 있지?"

하데스가 대답하려는데, 다른 학교에서 온 소녀 신 두 명이 옆을 지나가며 쑥덕였다.

"어머, 저기 봐! '매력적인' 하데스잖아! '잘생긴' 아레스도 있네."

낯선 소녀 신들이 키득거리며 자리를 떴다.

'엉?'

하데스는 그 아이들이 누구인지 전혀 몰랐다. 그러고 보니 스틱스 강에 얼쩡거리는 여자아이들도 하데스를 '매력남'이라고 불렀다. 그리고 자꾸만 〈십대들의 두루마리〉 잡지에 사인을 해 달라고 졸랐다. 물론 하데스는 딱 잘라 거절하고 여자아이들을 강변에서 쫓아냈다.

친구들과 함께 극장 계단을 오를 때 하데스는 아레스에게 아까 그 소녀 신들을 고갯짓하며 물었다.

"쟤네들 대체 무슨 소리를 하는 거야?"

그러자 디오니소스가 끼어들었다.

"어이, 하데스. 〈십대들의 두루마리〉 잡지 이번 호에 독자 투표 결과가 난 거 못 봤어?"

하데스가 고개를 가로젓자, 아레스가 호주머니에서 돌돌 만 파피루스 조각을 꺼내 하데스에게 휙 건넸다.

"어이, 하데스. 깜짝 놀라게 될 테니 마음 단단히 먹으라고."

올해 초만 해도 아레스와 하데스는 서로 으르렁거리는 사이였다. 전쟁의 신인 아레스는 걸핏하면 발끈해서 싸움을 걸었다. 그러나 페르세포네의 도움으로 둘은 결국 서로를 이해하게 되었고, 이제는 농담도 주고받고, 같이 어울려 다니는 친구가 되었다. 물론 아닐 때도 있지만.

하데스는 아레스가 건넨 파피루스 조각을 폈다. 이번 〈십대들의 두루마리〉 잡지에서 오려 낸 기사인데 거기에는 어떤 목록이 담겨 있었다. 하데스는 내용을 눈으로 죽 훑다가 자신의 이름을 발견했다.

하데스의 반응을 지켜보던 아폴론이 쾌활하게 웃음을 터뜨렸다.

"어이, 올림포스 학교 최고 매력남으로 뽑힌 기분이 어때?"

이어 아폴론은 검지로 아레스를 가리켰다.

"여기 이 최고 미남 씨는 그 기사를 무슨 상패라도 되는 듯이 들고 다닌다니까. 이게 말이 되는 일이냐?"

"음, 이제야 이유를 알겠어."

하데스는 아레스에게 기사를 돌려주며 말을 이었다.

"어제 지하 세계에 인간 소녀들이 잔뜩 몰려왔거든. 팻말이며 하트 모양 같은 걸 들고서 말이야."

아레스가 빙글빙글 웃으며 하데스의 등을 철썩 쳤다.

"어이, 친구. 우리가 여자아이들을 끌어당기는 자석이란 사실이 이렇게 공식화 된 거야. 인정할 건 인정하자고."

어느새 하데스 일행은 계단을 지나 극장에 들어섰다.

하데스가 대꾸했다.

"글쎄, 내가 지하 세계에서 얼마나 따분한 일을 하는지 그 여자애들이 알게 되어도 날 매력적이라고 할까?"

하데스는 친구들과 함께 무대 근처 자리로 가면서 계속 말을 이었다.

"내가 끊임없이 투덜대는 영혼을 달래고, 성미 나쁜 분노의 여신들을 상대해야 하는 걸 알고도……."

하데스는 하던 말을 멈추었다. 관중 틈에서 문득 노란색 키톤을 입은 페르세포네를 발견했기 때문이다.

'아, 잘하면 콘서트가 끝난 뒤 페르세포네한테 스틱스 강 사태에 대해서 조언을 들을 수 있겠구나.'

하데스는 친구들과 함께 무대에서 몇 줄 떨어지지 않은 곳에 자리를 잡았다. 그동안에도 눈은 계속 페르세포네를 쫓고 있었다.

무대의 막이 오르자 하데스와 친구들은 자리에 앉아 콘서트를 즐겼다. 실제로 보니 오르페우스는 하데스가 생각한 것보다 실력이 훨씬 더 대단한 가수였다!

콘서트가 끝나 갈 무렵, 하데스는 페르세포네의 움직임이 이상한 걸 알아차렸다. 페르세포네가 친구들 무리에서 떨어져 나오더니 관객 사이를 비집고 무대 쪽으로 다가갔다. 객석이 흥분의 도가니로 변하자 페르세포네 주위에 있던 팬들이 무대의 스타에게 조금이라도 더 가까이 다가가려고 앞으로 우르르 몰렸다.

놀란 하데스가 자리에서 벌떡 일어났다.

'뭐라도 해야 해! 이러다 페르세포네가 팬들 틈에 깔리겠어!'

하데스는 아무 말 없이 친구들 곁을 떠나 열광적인 관중 틈을 뚫고서 페르세포네에게 곧장 다가갔다.

"페르세포네!"

하데스가 목청 높여 페르세포네를 불렀지만, 쿵쾅대는 음악 소리와 사람들의 함성 때문에 페르세포네는 하데스의 목소리가 전혀 들리지 않는 것 같았다.

관객들이 점점 더 무대 쪽으로 몰리자 페르세포네가 아주 잠깐 뒤를 돌아보았다. 얼굴에 당황한 표정이 역력했다. 하데스는 심장이 철렁했다. 혹시 페르세포네가 다치게 될까 봐 두려운 마음마저 들었다. 하데스는 앞으로 몸을 날렸다. 시간이 멈춰 버린 것처럼 느껴졌지만 하데스는 몇 초 만에 페르세포네 곁에 도착했다. 하데스는 얼른 페르세포네의 허리를 잡고 관객들한테 밀리지 않도록 높이 들어 올렸다. 원래 하데스는 페르세포네를 자기 어깨에 태우고 관객들 틈을 빠져나와 친구들 곁에 데려다줄 작정이었다. 그런데 갑자기 페르세포네가 휙 끌려 나가더니 어느새 무대에 서 있었다!

하데스가 페르세포네를 들어 올리자마자, 오르페우스가 페르세포네의 손을 잡고 끌어당겨 무대에 세운 것이었다. 페르세포네는 자신을 들어 올린 이가 하데스라는 것도 알아차리지 못한 것 같았다. 하데스도 페르세포네한테 구해 줘서 고맙다는 인사를 바란 건 아니지만 그래도 좀 섭섭한 마음이 드는 건 어쩔 수 없었다.

하데스는 오르페우스가 관객을 즐겁게 해 주려고 페르세포네를 놀려 대는 광경을 지켜보았다. 다 재미있자고 하는 일이라며 대수롭지 않게 여기려 하는데, 오르페우스가 페르세포네의 팔에 사인을 하고, 볼에 뽀뽀까지 했다!

'이런, 나도 아직 해 준 적 없는데!'

하데스는 팔짱을 턱 끼고 오르페우스를 노려보았다. 그런데 그 순간 목덜미에 또 소름이 돋았다.

'지하 세계에 또 말썽이 벌어지나 본데.'

하데스는 무대에 선 페르세포네를 바라보았다.

'구해 준 이가 나란 걸 몰라도 상관없어. 중요한 건 페르세포네가 무사하다는 거니까. 자, 내겐 해야 할 일이 있어. 즐거운 시간은 이제 그만 접기로 하자.'

극장 밖으로 나온 하데스는 '한밤중'이라는 뜻을 가진, 가장 아끼는 말 반야를 불러냈다. 날렵한 흑마가 마법처럼 어디선가 휙 나타났다. 하데스는 반야에 올라타고 곧장 지하로 내려갔다.

얼마 후 지하 세계에 도착한 하데스는 자기 눈을 의심했다. 팬을 자청하는 여자아이들을 강둑에서 쫓아낸 게 바로 어제 일인데, 오늘 여자아이들이 또 몰려와 있었다. 게다가 숫자도 훨씬 많았다. 강둑을 따라 눈길 돌리는 곳마다 여자아이들이 어슬렁대고 있었다. 몇몇은 스틱스 강변에서 소풍을 즐기고 있고, 몇몇은 강에 들어가 수심이 얕은 곳을 걸어 다녔다. 심지어 카론과 입씨름을 벌이는 아이도 보였다. 카론은 죽은 자들을 지하 세계로 '영원히' 건너가게 해 주는 늙은 뱃사공인데 무뚝뚝하기로 소문나 있었다. 어쩐지 아웅대는 품새를 보니 여자아이들이 카론에게 강 건너로 데려다 달라고 조르는 것 같았다!

하데스는 카론이 있는 쪽으로 말을 몰았다. 하데스가 나루 옆 강둑에 내려서자 여자아이들이 좋아서 꺄아악! 하고 소리를 질렀다. 많은 아이들이 '내 사랑 하데스 ♥▼♥', '지하 세계 짱!', '매력남 하데스 공식 팬클럽' 같은 팻말을 들고 있었다. 그중 한 명이 소리쳐 물었다.

"지하 세계를 구경시켜 주면 안 돼? 네가 하는 일을 보고 싶어."

또 다른 아이가 외쳤다.

"보나마나 와아아아안전 매력적일 거야!"

독자 투표 내용이 나오자 몇몇 여자아이가 까르르 웃음을 터뜨렸다.

"안 돼! 너희 미쳤니? 지하 세계는 위험한 곳이야. 곳곳에 늪지가 가득하고, 이글대는 용암이 강물처럼 흐른다고. 머리 셋

달린 개 케르베로스에 대해 못 들어 봤어? 경고하는데 케르베로스의 성질을 건드리지 않는 게 좋을 거야."

그러나 하데스가 아무리 애를 써도 여자아이들은 도무지 하데스의 말을 들으려 하지 않았다.

'불멸의 존재가 가끔 지하 세계를 방문하는 것은 문제없지만, 인간은 사정이 완전히 다르다고. 애들은 정말로 그 사실을 모르는 건가?'

"이봐, 하데스. 어떻게 좀 해 봐!"

카론이 잔뜩 긴장한 목소리로 말했다.

"하루 종일 저러고 있다네. 살아 있는 인간이 날 속여서 굳이 지하 세계에 들어가려고 애쓰다니 원."

카론은 머리를 북북 긁었다.

"도대체 이걸 어떻게 받아들여야 할지 모르겠군."

"걱정 마세요. 다음 주에 〈십대들의 두루마리〉 잡지가 새로 나오면 나에 대해선 까마득히 잊어버릴 거예요."

하데스는 진지한 목소리로 카론을 안심시키려 애썼다. 그러나 사실 하데스도 다음 주가 멀고도 멀게만 느껴졌다.

"에헴! 이 난리 법석에 질려 버린 양반이 나 말고 또 있는 것 같은데."

카론이 하늘을 향해 손가락질을 했다. 하데스는 얼른 눈길을 위로 들었다.

'오, 이런!'

높은 곳에서 분노의 여신 알렉토, 메가에라, 티시포네 자매가 빙글빙글 맴돌고 있었다. 여기서 어떤 일이 벌어지고 있는지 소문을 들은 모양이었다. 물론 세 분노의 여신은 이 사태를 반기는 것 같지도 않았다.

지하 세계를 다스리는 이는 하데스지만, 특별한 사건이 있으면 이들 세 자매가 규칙을 어긴 자에게 어떤 벌을 줄지 결정했다. 지금처럼 살아 있는 인간이 장난삼아 지하 세계에 들어가려 하는 경우도 세 자매의 담당이었다.

만약 여자아이들 중 누구라도 스틱스 강을 건너 지하 세계에 한 발이라도 들였다간, 분노의 여신들이 절대로 그곳을 못 벗어나도록 할 게 분명했다. 아주 영원토록!

6 우정의 씨앗

월요일 오후 4교시. 페르세포네는 오르페우스의 노래를 흥얼거리며 바스러뜨린 흙을 모종판에 착착 채워 넣었다. 올림포스 학교에는 아테나가 만든 올리브나무 숲과 학교 안뜰 사이에 온실이 마련되어 있었다. 페르세포네는 그곳에서 과제를 하는 중이었다. 원예학 담당 탈로 선생님은 올림포스 학생들에게 완전히 새로운, 아무도 본 적 없는 신품종을 만들어 보라고 했다.

페르세포네는 자신의 계획이 뜻대로 잘 이루어진다면, 새로 만든 신품종을 하데스에게 줄 작정이었다. 오는 토요일이 하데스의 생일이라 시기도 잘 맞았다.

'오직 나만이 만들 수 있는 선물을 해 주고 싶어. 하데스가 지하 세계 일 때문에 우울할 때 기분을 북돋울 수 있는 아름다운 것으로 말이야.'

페르세포네는 지난주 내내 여러 가지 품종을 섞어서 다양한 실험을 해 보았다. 지하 세계는 뜨거운 열기가 넘치면서도 어둡고 음산한 곳이었다. 그런 환경에서 살아남을 만큼 강한 식물을 만드는 건 생각보다 어려웠다.

페르세포네의 작업대 옆 유리 벽에는 그간 실패한 결과물들이 주르륵 놓여 있었다. 축 늘어진 데이지-다포딜, 흐물흐물한 라벤더-백합-라일락, 처량해 보이는 금어초-해바라기 등이었다.

오늘 페르세포네는 네 가지 각기 다른 꽃씨를 섞어 볼 작정이었다. 지난주 지하 세계에서 몰래 담아 온 흙을 모종판에 30센티미터 정도 채운 뒤 적당한 크기로 구멍을 팠다.

모든 준비가 끝나자 페르세포네는 손바닥에 네 가지 씨앗을 올린 채 두 손을 꽉 마주 잡았다. 학교 규칙 상 숙제를 할 때 마법을 쓰지 못하게 되어 있지만, 이번 원예학 과제는 특별히 마법 사용이 허락되었다. 페르세포네는 모종판 앞에 서서 깊게 심호흡을 한 뒤 주문을 외웠다.

국화, 선인장,

장미, 프로테아.

하나인 듯

하나 아닌

하나 같은

모습을 보이라.

 페르세포네의 손 안에 있던 네 개의 씨앗이 줄어들더니 이내 하나로 뭉쳐져 눈물방울만 한 씨앗으로 새롭게 변했다. 페르세포네는 그 씨앗을 모종판에 심고 흙을 잘 덮어 주었다. 그러자 곧바로 씨앗이 움트더니 순식간에 초록 줄기가 뻗어 나왔다. 잎이 솟아나고, 줄기가 자라더니 이내 꽃봉오리가 맺혔다. 이윽고 단단히 뭉쳐 있던 꽃봉오리가 점점 벌어졌다.

 페르세포네는 눈앞에 피어난 꽃을 보며 기뻐 어쩔 줄 몰랐다. 지름이 30센티미터 정도이고, 꽃잎 가운데 부분은 연한 노란색, 바깥쪽은 밝은 분홍과 주황색이 어우러진 크고 화려한 꽃이었다.

 "페르세포네, 잘되어 가니?"

 탈로 선생님이 물었다. 탈로 선생님은 피부가 흙처럼 검고,

머리에 길고 구불구불한 담쟁이덩굴이 자라나 있었다. 페르세포네는 탈로 선생님을 좋아해서 무척 따랐다.

"그런 것 같아요."

페르세포네는 방금 만든 꽃을 가리켰다.

"제가 명령하는 속도로 자라는 신품종을 만들었어요."

탈로 선생님이 꽃의 이모저모를 살피는 사이, 페르세포네는 설명을 계속했다.

"킹 프로테아의 변종인데요, 국화와 선인장, 장미를 합쳤어요."

"아주 대담한 선택이구나."

탈로 선생님이 고개를 끄덕이며 말했다. 페르세포네는 선생님의 '대담하다'는 말에 기분이 들떴다.

"그런데 페르세포네, 프로테아는 올림포스 학교 정원에선 자라지 않을 거야. 인간 세상에서도 자랄 수 있는 곳이 별로 없지. 아주아주 더운 기후에서만 자라니까."

"바로 그 점이 중요해요! 전 이 신품종을 지하 세계에 심을 작정이거든요. 지하 세계의 분위기를 조금 밝게 만들어 보려고요."

탈로 선생님이 예상 밖이라는 듯이 눈을 껌벅거리며 페르세포네를 바라보았다. 그러더니 미심쩍은 표정으로 말했다.
"아주 멋진 생각이구나. 그런데 지하 세계의 열기는 프로테아가 견디기에도 너무 강할 것 같은데. 지금까지 지하 세계에서 살아남은 꽃은 아스포델밖에 없어."
페르세포네는 꽃잎을 만지며 대답했다.
"이 꽃은 강한 열기에서도, 심지어 불 속에서도 자랄 수 있게 만들어졌어요. 음, 사실 지금은 그렇게 되길 바라는 단계지만

요. 온실 실험 결과는 성공적이니까 이제 씨앗을 더 만들려고요. 오늘 학교 마치고 지하 세계에 가서 잘 심은 다음, 토요일까지 피지 말라고 명령할 거예요. 자라는 데 충분한 시간을 들이면 살아남을 확률도 더 높지 않을까요?"

그러자 탈로 선생님이 박수를 짝 쳤다. 흥분하면 나오는 버릇이었다.

"이렇게 아름다운 꽃이 지하 세계에서 정말로 잘 자랄 수 있을지 기대가 되는구나. 생명체가 가장 살기 힘든 환경이잖니!"

탈로 선생님은 페르세포네를 바라보며 활짝 웃었다.

"우리 페르세포네는 한결같이 멋진 생각을 해낸단 말이야."

페르세포네는 탈로 선생님이 다른 자리로 가는 모습을 지켜보며 속으로 한숨을 푹 쉬었다.

'또 한결같다는 소리를 들었어. 대담하다고 말해 주실 때만 해도 기분 좋았는데.'

탈로 선생님이 갑자기 걸음을 멈추더니 뒤돌아섰다. 긴 담쟁이덩굴이 한들한들 흔들렸다. 탈로 선생님은 한동안 페르세포네를 진지하게 쳐다보더니 말을 꺼냈다.

"만약 지하 세계 실험도 성공한다면 네 신품종을 안테스티리아 꽃 축제에 출품해 보는 게 어떨까 싶구나."

페르세포네의 눈이 휘둥그레졌다.

"정말요?"

페르세포네는 너무 흥분해서 목소리까지 갈라졌다.

탈로 선생님이 고개를 천천히 끄덕였다.

"그래, 네 꽃은 아주 특별하니까 말이다."

"예, 생각해 볼게요."

탈로 선생님이 온실을 나서 학교 건물에 있는 원예학 교실로 돌아가자, 페르세포네는 생각에 잠겼다.

'정말 운이 좋은 몇 명만이 안테스티리아 축제에 자기 꽃을 전시할 기회를 얻잖아. 탈로 선생님이 내게 출품해 보라고 제안한 것만으로도 대단한 거야.'

안테스티리아 꽃 축제는 4년에 한 번씩 그리스 근처 키프로스 섬에서 열리는데, 전체 행사 중 가장 핵심은 꽃수레 행진이었다. 페르세포네는 눈을 감고 상상해 보았다.

'지하 세계를 주제로 만든 꽃수레에 내 꽃이 활짝 피어 있으면 정말 아름다울 거야. 그 꽃의 꽃잎으로 드레스를 만들어 입고 참가해도 멋질 것 같아. 그렇게 되면 얼마나 좋을까? 아, 공상은 이제 그만! 난 할 일이 있어!'

남은 시간 동안 페르세포네는 부지런히 신품종의 씨앗을 만들었다. 수업을 마치는 리라 종이 울리자 페르세포네는 씨앗을 조그만 상자에 담아 가방에 넣었다. 그때 갑자기 밖에서 왁자지껄한 소리가 들려왔다. 페르세포네는 무슨 일인가 싶어 온실 문을 열고 밖으로 나갔다.

헤르메스 택배 전차가 안뜰에 착륙했다. 전차에는 여느 때처럼 화물이 쌓여 있지 않고, 뜻밖의 대상이 타고 있었다.

'어머나, 오르페우스와 에우리디케잖아!'

페르세포네는 놀라서 걸음을 멈추었다.

'내가 헛것을 보고 있는 건 아닐까? 근처에 학생들이 몇 명 있긴 하지만 이런 슈퍼스타가 방문했는데 왜 이렇게 조용하지?'

전차 뒤편 발판에는 오르페우스의 경호원 독사가 우뚝 서 있었다. 독사는 오르페우스와 에우리디케에게 기다리라고 하고는 안뜰을 샅샅이 살폈다. 언제 악당이 달려 나와 공격할지 모르니 바짝 경계해야 한다는 태도였다. 페르세포네는 독사에게 한마디 해 주고 싶었다.

'어휴, 여긴 올림포스 학교야. 절대로 나쁜 일이 일어날 리 없으니 긴장 풀어도 돼.'

"꺄아아아아악!"

귀가 멀 것 같은 환호성이 안뜰에 울려 퍼졌다. 페르세포네가 깜짝 놀라 뒤를 돌아보니 아테를 비롯한 여자아이 몇 명이 계단을 경중경중 달려 내려오고 있었다.

"세상에, 슈퍼스타가 우리 학교에 오다니! 믿을 수가 없어!"

너무 흥분한 나머지 아테의 목소리가 이상하게 갈라졌다.

오르페우스와 에우리디케가 전차에서 폴짝 뛰어내리자 독사도 뒤를 따랐다. 그런데 독사가 갑자기 휙 돌아서더니 전차에 있던 짐을 잡아챘다. 그도 그럴 것이 헤르메스의 전차가 벌써 하늘을 향해 날아오르고 있었기 때문이다.

페르세포네는 속으로 한숨을 푹 쉬었다.

'어휴, 저럴 줄 알았어. 헤르메스 님은 바쁠 때 예의고 뭐고 인정사정없다니까. 문제는 거의 늘 바쁘다는 데 있지.'

페르세포네는 주위를 둘러보았다. 아테 일행이 황홀한 표정으로 방문객들을 빤히 쳐다보고 있었다.

'어머, 손님 대접을 이렇게 해서야 곤란하잖아.'

페르세포네는 한 걸음 앞으로 나가 예의 바르게 말을 건넸다.

"올림포스 학교에 온 걸 환영해. 제우스 교장 선생님을 뵈러 온 거니?"

페르세포네는 록 스타 일행이 부디 허락을 받고 왔기를 간절히 바랐다. 제우스 교장 선생님은 불청객에게 온정을 베푸는 편이 아니었다.

'하긴, 교장 선생님 허락이 떨어지지 않았다면 헤르메스 님이 데리고 왔을 리도 없겠구나.'

오르페우스 일행이 대답하기 전에 누군가 뒤에서 소리쳤다.

"오르페우스! 예상보다 빨리 도착했네!"

소리가 난 곳으로 고개를 돌리니 아폴론이 학교 계단을 잽싸게 내려오고 있었다. 아폴론은 안뜰을 가로질러 곧장 오르페우스 일행에게 달려갔다. 그런데 아폴론이 멈춰 서기가 무섭게 독사가 오르페우스와 에우리디케의 앞을 가로막아 섰다.

'맙소사, 아폴론이 해코지라도 할 줄 아나? 저건 과잉보호야, 과잉보호! 우리 엄마보다 더 하네.'

독사가 무뚝뚝하게 한마디 툭 던졌다.

"숙소가 필요해."

아폴론은 독사를 안심시키려 했다.

"당연하지. 우리가 다 마련해 줄 테니 염려하지 마. 오르페우스와 넌 남학생 기숙사에, 에우리디케는 여학생 기숙사에 머물면 돼."

학생들이 점점 더 몰려들었다. 디오니소스와 아레스도 오르페우스를 둘러쌌다. 그때 누군가 페르세포네의 어깨를 톡 건드렸다. 돌아보니 에우리디케가 어느새 페르세포네의 곁에 와 있었다. 에우리디케는 페르세포네의 팔에 쓰인 사인을 가리켰다.

"이거 아직 그대로네. 너 콘서트 때 그 데이지 아가씨로구나."

갑자기 에우리디케가 소리를 질렀다.

"이봐, 오르페우스. 데이지 아가씨가 아직도 네 사인을 간직하고 있어."

오르페우스가 대답했다.

"야, 그거 멋진데."

페르세포네는 사인이 보이지 않도록 팔을 슬며시 허리춤에 붙였다. 사실 사인이 오래오래 남았으면 해서 샤워할 때마다 씻겨 나가지 않도록 조심하고 있었다. 그런데 상황이 이렇게 되자 좀 창피했다.

'설마 토요일 이후로 내가 한 번도 씻지 않았다고 생각하는 건 아니겠지?'

아폴론, 오르페우스, 독사와 여타 남학생이 숙소며 일정을 의논하는 사이, 에우리디케가 페르세포네의 팔짱을 끼며 대뜸 물었다.

"나랑 같이 놀래?"

"어, 음, 그래."

페르세포네는 인기 가수의 제안에 당황스럽기도 하고 한편으로는 우쭐함마저 들었다.

"아, 그런데 난 아직 수업이 하나 더 남아 있어."

"잘됐네!"

에우리디케가 신이 나서 팔짝팔짝 뛰었다.

"나도 같이 갈래. 있잖아, 여기 머무는 동안 너랑 방을 같이 쓰면 안 될까? 네가 무대에 올라왔을 때 말이야, 뭐랄까 서로 통하는 느낌을 받았거든. 평생 알고 지낸 사이처럼 느껴지더라니까!"

페르세포네는 속으로 생각했다.

'통하는 느낌을 받았다고? 난 전혀 몰랐는데. 이상하네, 아주 잠깐 만났을 뿐인데 언제 그런 생각을 했지? 뭐, 그래도 좋은 느낌을 받았다는 얘기니까 잘된 거겠지. 아, 숙소 얘기를 해야겠다.'

"에우리디케, 있잖아, 난 기숙사에 살지 않아. 엄마랑 같이 집에서 살거든."

에우리디케가 아무 대꾸 없이 페르세포네를 멀뚱히 바라보았다. 어쩐지 실망한 것 같았다.

"우, 우리 집 예뻐. 정원이 아주 근사해."

페르세포네는 저도 모르게 말을 더듬었다. 에우리디케와의 사이가 시들해지는 것 같았다. 어쩐지 지하 세계에서 키우려고 만들다 실패한 꽃이 떠올랐다.

"엄마가 노래하는 '마법' 다포딜을 키우거든. 그래서 내가 너랑 오르페우스의 이중창 곡을 가르쳤어!"

"우아, 끝내준다!"

에우리디케의 얼굴이 다시 확 밝아졌다.

"난 절대로, 반드시, 무조건 꽃이 노래하는 광경을 봐야겠어. 안 그럼 죽어 버릴지도 몰라! 오늘 밤 내가 너희 집에서 묵으면 어떨까? 같이 놀면서 이것저것 해 보자. 재미있을 것 같지 않아?"

페르세포네는 속으로 에우리디케의 말을 되뇌어 보았다.

'슈퍼스타가 우리 집에 와서 묵고 싶다고?'

차분하고 '한결같은' 페르세포네라면 잠깐 망설이기라도 할 텐데, '대담한' 페르세포네가 에우리디케의 마음이 변할세라 냉큼 대답했다.

"그래, 그러자!"

디리링!

리라 종이 5교시 시작을 알렸다. 학생들이 서둘러 학교 계단 쪽으로 우르르 몰려갔다.

페르세포네도 에우리디케와 함께 걸음을 떼려는데 옆에서 디오니소스가 아폴론에게 말하는 소리가 들렸다.

"오르페우스와 독사는 나랑 같이 음악 수업을 들으면 될 거 같아. 너랑 아레스는 복수학 시험을 봐야 하잖아."

이어 디오니소스가 에우리디케를 쳐다봤다. 페르세포네는 얼른 말을 꺼냈다.

"에우리디케는 나랑 같이 주술학 수업을 들을 거야."

그날 헤카테 선생님은 온갖 마법 약에 대해 쭉 소개했는데, 수업에 집중하는 아이는 학교 최고 수재 아테나뿐이었다. 페르세포네도 그렇고 다들 슈퍼스타가 같은 교실에 앉아 있다는 사실에 너무 흥분해서 수업 시간에 집중하지 못했다.

수업이 끝나자 페르세포네는 에우리디케에게 학교 구경을 시켜 주고 학생 식당으로 데려갔다. 록 스타가 방문했다는 소식에 식당도 온통 들썩거리고 있었다.

페르세포네가 에우리디케와 함께 들어서자 식당에 있던 모든 아이가 고개를 휙 돌려 빤히 쳐다보는 것 같았다. 페르세포네는 에우리디케를 데리고 줄을 서며 생각했다.

'스포트라이트 조명이 날 따라다니는 것 같아.'

그러나 에우리디케는 전혀 당황하지 않았다. 오히려 방긋 웃으며 주위 아이들에게 인사를 건네고, 수다를 떨고, 사인 요청에 흔쾌히 응했다.

문득 페르세포네는 줄 앞쪽에서 하데스를 발견하고 손을 흔들어 인사했다. 그러자 하데스도 페르세포네를 향해 반갑게 웃었다.

"저 앤 누구야?"

에우리디케가 물었다.

"하데스라고 지하 세계를 다스리는 신이야."

"어머나! 지이이이인짜 귀엽게 생겼다!"

에우리디케가 열렬한 반응을 보이자 페르세포네는 빙그레 웃었다.

'하데스는 귀엽게 생겼다기보다 잘생긴 쪽이지.'

그러나 페르세포네는 그 말을 굳이 꺼내지 않았다.

팔이 여덟 달린 식당 아주머니가 암브로시아 서프라이즈를 내밀었다. 페르세포네는 팔꿈치로 에우리디케를 쿡 찌르고서 슬쩍 고개를 가로저었다. 학생들이 유일하게 반기지 않는 메뉴이기 때문이다. 페르세포네와 에우리디케는 암브로시아를 곁

들인 넥타르로니를 골랐다.

에우리디케가 쟁반을 든 채 식당을 쓱 훑어보더니 페르세포네에게 물었다.

"나랑 같이 앉을 거지?"

어쩐지 에우리디케는 부끄러워하는 것 같았다.

"물론이지."

페르세포네는 단짝과 함께 늘 앉는 자리로 향했다.

'친구들도 에우리디케랑 함께 식사한다면 무척 좋아할 거야.'

그런데 에우리디케가 갑자기 함박웃음을 지었다.

"저기 오르페우스랑 네 친구 하데스가 있어."

갑자기 에우리디케가 남학생들 자리로 성큼성큼 걸어갔다.

"에우리디케, 기다려!"

페르세포네는 서둘러 뒤를 쫓았다.

"남자 애들이랑 같이 앉으려고?"

에우리디케가 분홍색 머리칼을 나부끼며 고개를 휙 돌렸다.

"응. 왜? 그럼 안 돼?"

"어, 난 늘 여자애들이랑 같이 앉거든."

"남자 따로, 여자 따로, 따로따로."

에우리디케는 그 말에 가락을 붙여 노래하듯이 말했다.

"페르세포네, 늘 똑같은 일을 반복하는 거 지루하지 않니? 변화를 좀 줘 봐. 마음을 활짝 열어 보라고. 맨날 같은 애들이랑 같은 자리에서 밥 먹는 건 따분한 애들이나 하는 거야."

페르세포네는 그 자리에 얼어붙고 말았다. '따분하다'는 말은 '한결같다'는 말을 연상시켰다.

'난 따분한 애가 되고 싶지 않아. 지난 금요일 밤에 새로운 스타일을 시도했을 때 그럭저럭 일이 잘 풀렸잖아. 그렇다면……'

"좋아, 그러자."

페르세포네는 남학생들이 모여 있는 쪽으로 가면서 늘 앉던 자리를 슬쩍 쳐다보았다. 아테나와 아프로디테가 있었고 아르테미스는 아직 보이지 않았다. 페르세포네는 두 친구에게 미안하다는 표정을 지은 다음 에우리디케를 뒤쫓았다.

'난 아테나, 아프로디테, 아르테미스랑 함께 식사하는 게 정말 즐거워. 그런데 솔직히 나도 남학생들이 밥 먹을 때 무슨 얘기하는지 궁금해. 이번 기회에 알아보지, 뭐!'

7 데이지

　불행히도 그날 점심시간 내내 남학생들은 늘 하던 얘기를 나누는 대신 오르페우스와 에우리디케한테 질문을 퍼붓느라 바빴다. 음악에 관한 질문도 있고, 슈퍼스타로 사는 삶이 어떤지에 대한 질문도 비 오듯 쏟아졌다. 페르세포네 맞은편에 앉은 하데스는 거의 말이 없었다. 그러나 페르세포네는 하데스가 모든 이야기를 귀 기울여 듣고 있다는 것을 알고 있었다.
　시간이 흐르자 몇몇 남학생이 괜히 허세를 부렸다. 묘기랍시고 접시에 남은 음식을 차곡차곡 쌓아올리더니 입김을 훅 불어서 쓰러뜨렸다.
　'엥? 설마 나랑 에우리디케를 즐겁게 해 주려고 저러는 걸

까? 정말로 여자애들이 저런 행동을 보고 대단하게 여길 거라 생각하는 건 아니겠지?'

페르세포네가 남자아이들을 보며 어이없어 하는 걸 하데스가 알아차린 모양이었다. 둘은 서로를 바라보며 빙그레 웃었다. 하데스도 친구들의 행동을 어처구니없어 하는 듯했다.

저녁 식사를 마치자 페르세포네는 에우리디케와 함께 퇴식구로 쟁반을 가져갔다. 페르세포네의 세 친구는 먼저 식사를 마치고 이미 기숙사로 떠난 뒤였다. 페르세포네는 식사를 했던 자리로 돌아가다 하데스와 마주쳤다.

"페르세포네, 집에 가기 전에 잠깐 시간 있어?"

하데스가 묻자 페르세포네는 고개를 절레절레 흔들었다.

"음, 오늘은 시간이 없을 거 같아."

"아, 그래?"

하데스는 실망한 눈치였다.

"다른 볼일이 있나 봐?"

"아, 에우리디케를 집에 데려가기로 했거든."

원래 페르세포네는 어두워지기 전에 지하 세계에 잠깐 들러 하데스의 생일 선물로 줄 꽃을 심을 작정이었다. 그런데 에우리디케의 방문 때문에 그것도 미뤄야 할 듯했다.

하데스가 놀란 얼굴로 물었다.

"에우리디케랑 그렇게 가까운 사이였어?"

"그런 셈이야. 에우리디케가 먼저 우리 집에 와서 자도 되냐고 물었고, 난 재미있을 듯해서 그러자고 했어. 왜, 혹시 나랑 따로 하고 싶은 이야기라도 있니?"

하데스가 말이 없자, 페르세포네가 다시 말을 이었다.

"잠깐 시간을 낼 수는 있는데 오래 머물긴 어려울 것 같아. 에우리디케가 날개 샌들을 신고 나는 데 익숙하지 않을 테니까 집에 가는 시간이 더 걸릴 거야. 너도 알다시피 해 진 뒤에 돌아다니면 엄마가 싫어하잖아."

하데스는 여전히 아무 말이 없었다. 하지만 어깨만 들썩하는 걸 보니 썩 달가워하지 않는 눈치였다.

"왜? 넌 에우리디케가 마음에 안 들어?"

"난 그 애를 잘 몰라. 하지만 좀 변덕쟁이 같아."

"변덕쟁이? 어떤 면이?"

"그냥 봤을 때. 에우리디케는 어떤 문제에 대해 깊이 생각하지 않고 그때그때의 기분대로 하는 걸 좋아하는 것 같아. 그러다가 저 애는 물론이고 어쩌면 너도 곤경에 빠질 수 있어."

페르세포네는 당황해서 입이 떡 벌어졌다. 하데스가 에우리디케를 너무 못마땅하게 여기는 것 같았다.

"아냐! 에우리디케는 그런 애 아니야! 무슨 근거로 그런 말을 하는 거니?"

그러자 하데스는 말없이 에우리디케 쪽을 고갯짓으로 가리켰다. 에우리디케는 의자에 올라서서 여학생들에게 춤 동작을 가르쳐 주고 있었다. 그런데 발끝으로 한 바퀴 뱅그르르 도는 순간, 샌들이 미끄러지면서 몸이 의자 앞으로 휙 고꾸라졌다. 거리가 너무 멀어서 도울 방법이 없는데도 페르세포네와 하데스는 본능적으로 앞으로 튀어 나가려 했다.

다행히 근처에 있던 독사가 쓰러지는 에우리디케를 받아서 땅에 안전하게 내려 주었다. 그러자 에우리디케가 까르르 웃었다. 그대로 땅에 떨어졌더라면 자기 행동이 어떤 결과를 불러왔을지 생각조차 하지 않는 듯했다. 최소한 온몸이 멍투성이가 되었을 텐데 말이다!

페르세포네는 하데스를 보며 씁쓸하게 말했다.

"음, 그래 봐야 하룻밤이잖아. 절대로 의자에서 춤추지 않을게. 약속해."

그 말에 하데스가 평소 보기 드문 미소를 빙그레 지었다.

"아, 하데스. 아까 하려던 얘기는 뭐였어?"

하데스의 눈빛이 진지해졌다.

"그 투표 결과……."

"페르세포네!"

에우리디케가 소리를 지르며 페르세포네 쪽으로 달려왔다.

"이제 그만 갈까? 빨리 가서 꽃구경하고 싶어!"

그러더니 에우리디케가 하데스를 보고 화들짝 놀랐다.

"어머, 미안해. 내가 방해한 거니?"

하데스는 튜닉 호주머니에 손을 쿡 쑤셔 넣으며 대답했다.

"아냐, 괜찮아. 별 얘기 아니었어."

그러나 페르세포네는 직감적으로 알 수 있었다.

'말은 저렇게 하지만 사실 하데스는 아주 중요한 이야기를 하려던 거야.'

페르세포네가 다시 물어보려던 찰나에 아레스와 아폴론이 다가왔다.

"어이, 하데스. 오늘 밤 밴드 연습 때 드럼 맡을 수 있어? 우린 너만 믿고 있어."

아폴론이 하데스에게 말했다.

"교장 선생님이 그러시는데 포세이돈이 난파선 조사 때문에 다음 주까지 못 돌아올 것 같대."

남자아이들이 밴드 연습 이야기를 하자 페르세포네는 손을 살짝 흔들어 하데스의 주의를 끌었다. 하데스와 눈이 마주친 페르세포네는 입 모양으로 '안녕.' 하고 인사를 건넨 뒤 에우리디케와 함께 식당을 나섰다.

페르세포네가 학교 청동 문을 향해 에우리디케와 나란히 걷자 모든 아이들이 돌아보고 수군거렸다. 페르세포네는 기분이 우쭐했다.

'이런 대단한 스타가 콕 집어서 나랑 어울리고 싶다잖아.'

"에우리디케, 잠깐만."

청동 문에 도착하자 페르세포네가 말을 걸었다.

"날개 샌들로 갈아 신어야 해."

페르세포네가 가방을 땅에 내려놓자 에우리디케도 따라서 가방을 툭 내려놓았다. 이어 페르세포네는 한 손으로 벽을 짚고 샌들을 벗어 벽 앞에 가지런히 놓았다. 그러고는 커다란 바구니에서 날개 샌들 두 켤레를 집어 한 켤레를 에우리디케에게 내밀었다.

"날개 샌들을 신고 날아 본 적 없지?"

에우리디케는 신고 있던 샌들을 잽싸게 벗더니 눈을 반짝이며 대답했다.

"없어. 하지만 난 뭐든 새롭게 시도하는 걸 정말 좋아해."

"나도 그래."

페르세포네도 조용히 한마디 덧붙였다.

"요즘 들어 말이야."

밖으로 나오자마자 페르세포네와 에우리디케는 어깨에 가방을 걸고 날개 샌들을 신었다. 샌들의 끈이 발목을 감고 오르더니 페르세포네의 샌들에서만 은색 날개가 파닥였다.

에우리디케가 자기 샌들을 내려다보며 물었다.

"왜 내 샌들 날개는 안 움직이지?"

"인간의 힘으로는 안 되고, 반드시 불멸의 존재의 손을 잡아야 해."

페르세포네는 손을 내밀어 에우리디케의 손을 잡았다. 그러자마자 에우리디케의 샌들도 은빛 날개를 파닥였다. 페르세포네가 앞으로 살짝 몸을 숙이자 에우리디케도 따라 했다. 이내 날개 샌들이 쌩하고 날아올랐다.

페르세포네와 에우리디케는 올림포스 산을 둥그렇게 둘러싼 구름을 뚫고, 인간 세상으로 미끄러지듯 내려갔다. 에우리디케는 날개 샌들에 금방 익숙해져서 이리저리 방향을 휙휙 바꾸며 외쳤다.

"이거 진짜 말 그대로 날아갈 것 같은 기분인걸!"

인간이 난생 처음 날개 샌들을 신으면 너무 겁을 내는 바람에 중심을 잃고 비틀거리기 일쑤였다. 그런데 에우리디케는 속도를 높여도 전혀 불안해하지 않았다. 오히려 너무 대담하게 이런저런 시도를 하는 바람에 페르세포네가 불안할 지경이었다. 몸을 이쪽저쪽으로 기울이는 건 기본이고, 무릎을 굽히고 의자에 앉은 듯한 자세를 취하는가 하면, 춤까지 췄다. 에우리디케의 손을 잡은 페르세포네는 자꾸만 중심이 흐트러졌다.

'맙소사, 에우리디케는 대담한 정도를 넘어서 무모하잖아.'

페르세포네는 몇 번이나 "조심해."라는 말을 우물우물 되풀이했다.

둘은 세찬 바람을 일으키며 커다란 바위와 나무 우듬지 위를 쏜살같이 스쳐 날아갔다. 그러다 에우리디케의 치렁치렁한 분홍색 머리칼이 바람에 나부끼면서 얼굴을 가렸다. 에우리디케는 머리칼을 밀어내려고 반사적으로 페르세포네의 손을 놓았다. 다음 순간, 에우리디케가 추락했다.

"안 돼!"

페르세포네는 곧장 아래로 몸을 날려 에우리디케의 손을 아슬아슬하게 다시 잡았다.

"이얏호! 진짜 재밌다!"

에우리디케가 가방끈을 고쳐 매며 까르르 웃었다. 엄청난 사고가 일어날 뻔했다는 걸 전혀 의식하지 못한 듯했다. 반면 페르세포네는 심장이 터질 것 같았다.

"다시는 그러지 마."

페르세포네는 단단히 주의를 주었다.

'얘 하마터면 죽을 뻔했다는 걸 모르는 걸까?'

에우리디케가 페르세포네에게 슬쩍 어깨를 부딪쳐 왔다.

"아, 기운 내."

에우리디케의 목소리에 장난기가 흘러넘쳤다.

"난 괜찮아. 걱정 마, 네가 날 놓칠 뻔했다는 말은 아무한테도 하지 않을 테니까."

페르세포네의 눈이 휘둥그레졌다. 정말 어이가 없었다.

'손을 놓친 건 너였다고, 내가 아니라!'

결국 둘은 땅거미가 질 때 즈음에야 집에 도착했다.

"야옹, 야옹!"

턱시도를 입은 듯한 검은색 얼룩 고양이가 졸랑졸랑 튀어나와 페르세포네와 에우리디케를 맞았다. 에우리디케는 고양이를 날름 안아 들었다.

"어머, 요 귀요미는 누구니?"

페르세포네가 방긋 웃더니 아기 같은 목소리로 대답했다.

"전 아도니스라고 해용."

페르세포네가 아도니스의 매끄러운 털을 쓰다듬자 아도니스는 기분이 좋아져 가르랑거렸다.

"아프로디테랑 나랑 둘이 같이 키우고 있어. 이번 주는 나랑 지내고 다음 주는 아프로디테랑, 그다음 주는 다시 나랑 지내는 식이야."

페르세포네는 부엌에서 쪽지를 발견하고 에우리디케에게 보여 주었다.

"엄마가 남긴 거야. 우리 엄마는 불멸 쇼핑센터에서 꽃 가게를 하거든. 오늘 늦게까지 일해야 한대."

페르세포네와 에우리디케는 간식을 먹고, 아도니스에게 사료를 챙겨 준 다음, 페르세포네의 방으로 갔다.

"어머, 근사한 그림인데?"

에우리디케가 벽에 붙은 두 그림을 보고 씩 웃으며 말했다. 둘 다 〈십대들의 두루마리〉 잡지에서 오려 낸 것인데, 하나는 오르페우스가 열창하고 있는 모습, 그 옆에는 하데스가 올림픽 때 멀리뛰기 종목 우승을 차지하는 모습이었다.

페르세포네가 씩 웃으며 대답했다.

"고마워."

평소 실내 장식에 관심이 많은 페르세포네는 자기 방을 데이지로 꾸몄다. 거울과 바닥에 깐 양탄자도 데이지 모양이고, 오르페우스와 하데스의 그림도 데이지 모양 액자에 들어 있었다.

에우리디케가 방 한구석에 놓인 상자를 가리켰다. 상자에는 천으로 만든 데이지가 잔뜩 들어 있었다.

"저건 뭐야?"

페르세포네가 대답했다.

"아, 발을 만들어서 책상과 나머지 공간을 나누려고 했는데 시간이 없어서 아직 못했어. 기다란 끈에다 12센티미터 간격으로 데이지를 꿰어서 천장부터 바닥까지 늘어뜨릴 거야. 그럼 공간이 나뉘지만 발 너머가 보이니까 갑갑하지 않잖아."

그러자 에우리디케가 눈을 반짝했다.

"어머, 진짜 근사한 생각이다! 끈은 어디 있어?"

"왜? 발 만드는 걸 도와주려고? 지금 당장?"

에우리디케는 열심히 고개를 끄덕였다.

"당연하지."

"어, 좋아. 고마워!"

사실 페르세포네는 숙제를 해야 했지만 내일 밤으로 미루기로 했다.

잠시 후 발을 몇 줄 만들자마자 에우리디케가 좋은 생각이 떠올랐다며 가구 배치를 새로 하자고 나섰다. 페르세포네는 에우리디케와 함께 침대를 비스듬히 틀었다. 그러고 나니 옷장도, 양탄자도, 의자도, 그 밖의 자질구레한 물건까지 함께 옮겨야 했다.

그사이 아도니스는 페르세포네의 침대에서 몸을 동그랗게 말고 잠들어 있었다. 페르세포네와 에우리디케가 침대를 밀어도 아도니스는 수염 한 가닥 까딱하지 않고 쌕쌕 잘만 잤다. 아무리 시끄럽고 부산스러워도 전혀 개의치 않고, 오히려 시끄러우면 시끄러울수록 더 기분이 좋은 듯했다. 아도니스는 정말 세상에서 가장 순하고 귀여운 고양이였다!

가구를 옮기고 나서 페르세포네와 에우리디케는 밤늦은 시간까지 수다를 떨었다. 같이 암브로시아 과자도 먹고, 실없는 농담을 하며 신나게 웃었다. 이런저런 이야기를 하다가 페르세포네는 에우리디케에게 오르페우스의 사인을 받게 된 사연까지 들려주었다. 그러자 에우리디케는 슈퍼스타로 사는 삶이 어떤지 이야기했고, 2학년 때 처음 오르페우스를 만난 이야기도

들려주었다. 이야기는 자연스럽게 페르세포네와 하데스가 처음 만난 때로 흘러갔다. 페르세포네는 다른 곳도 아닌 '무덤가'에서 처음으로 하데스와 이야기를 나누게 된 일, 친구들이 하데스를 불량 학생이라 생각해서 피했던 일도 죽 들려주었다.

에우리디케는 이야기 나누기 편한 상대였다. 그리고 근사한 실내 장식에 대한 아이디어가 끊임없이 넘쳐흘렀다. 그 때문에 페르세포네는 10시 즈음 엄마가 돌아오실 때까지 계속 정신없이 바빴다.

"오, 퍼시. 나 정말 즐거워!"

에우리디케가 잠옷으로 갈아입으며 소리쳤다.

"있잖아, 나 이번 주 내내 여기 묵을까 봐. 그럼 네 방 전체를 예쁘게 꾸밀 수 있을 거야. 해 보고 싶은 건 엄청 많은데 밴드랑 같이 연주 여행을 다니느라 내 방을 꾸며볼 틈이 없었거든. 페르세포네, 어떻게 생각해?"

'이런 어마어마한 슈퍼스타가 이번 주 내내 우리 집에서 묵고 싶다고? 그리고 내 방을 꾸며 주겠다고?'

페르세포네가 드디어 입을 열었다.

"나야 좋지!"

그러자 에우리디케가 페르세포네를 덥석 안았다.

"함께한 시간이 얼마 되지도 않는데 우린 벌써 단짝이 된 것 같아!"

"그러게!"

페르세포네는 생각했다.

'심지어 에우리디케가 나한테 '퍼시'라는 애칭까지 붙여 줬잖아. 하데스가 잘못 본 거야. 에우리디케는 정말 좋은 애인걸. 일주일 내내 함께 지내면 분명 아주 즐거울 거야.'

그러나 다음 날 아침, 학교에 갈 채비를 하던 페르세포네는 인상을 팍 찌푸린 채 방 안을 둘러보았다. 전날 밤에는 에우리디케와 함께한다는 사실에 흥분해서 알아차리지 못했는데 이제 보니 중간에 내팽개친 일거리며, 만들다 만 데이지 장식이 방에 잔뜩 어질러져 있었다. 게다가 새 가구 배치도 썩 마음에 들지 않았다.

'정원에서 마법 꽃의 노래를 듣겠다던 계획은 아예 까마득히 잊어버렸네! 하지만 이제 겨우 화요일이잖아. 에우리디케가 일주일 내내 머물기로 했으니 노래는 그사이에 언제든 들어볼 수 있을 거야. 방을 어떻게 꾸밀지도 얘기해 볼 수 있을 테고. 부디 완성되기 전에 엄마가 먼저 들여다보는 일이 없어야 할 텐데. 이건 완전 난장판이잖아!'

페르세포네는 가방을 뒤져 전날 행정실 히드라 선생님한테 받은 파피루스를 꺼냈다.

"그게 뭐야?"

에우리디케가 가방을 메며 물었다.

"지하 세계 방문 허가증이야. 원예학 과제 때문에 오늘 짬을 내서 내려가 봐야 하거든. 일종의 비밀 프로젝트야."

그러자 에우리디케가 탄성을 터뜨렸다.

"어머나! 비밀 프로젝트라니, 뭔지 말해 줘. 응?"

"오는 토요일이 하데스 생일이라서 깜짝 선물을 하려고. 그게 다야."

"페르세포네, 일부러 시간 내려고 애쓸 거 뭐 있니? 그냥 날 데리고 지금 가면 되잖아. 볼일이 끝나면 같이 학교로 가면 되고."

페르세포네는 그 제안을 곰곰이 생각해 보았다. 나중에 따로 짬을 내어 가는 것보다 지금 당장 등교하기 전에 다녀오면 분명 시간을 아낄 수 있을 듯했다.

"그래, 그러자. 하지만 내가 지하 세계에 들어가 있는 동안 넌 스틱스 강가에서 기다려야 해. 인간은 지하 세계를 드나들 수 없거든. 그건 규칙이야."

"규칙은 깨라고 있는 거지."

페르세포네는 짐짓 엄한 표정을 지으며 에우리디케를 바라보았다.

"농담하는 거 아니야."

"아, 알았어. 강가에서 기다릴게. 사실 난 바깥에서라도 지하 세계를 슬쩍 엿봤으면 좋겠어. 그렇게 된다면 노래를 만들 때 필요한 영감을 얻을 수 있을 텐데 말이야."

에우리디케의 말을 들으니 페르세포네의 머릿속에 퍼뜩 떠오르는 기억이 있었다.

"노래라는 말이 나와서 말인데 오르페우스는 어떻게 해? 학교에 조금 늦게 도착할 거라고 알려 줘야 하지 않을까?"

에우리디케는 별 대수냐는 듯이 어깨를 들썩이며 대답했다.

"아, 맞다. 밴드 연습이 잡혀 있는 걸 깜박했네. 뭐, 오르페우스는 내가 나타나지 않아도 신경 쓰지 않을 거야."

'글쎄, 정말 그럴까?'

결국 페르세포네는 오르페우스가 걱정하지 않도록 편지를 보내려고 마법 바람을 불렀다. 그런데 알고 보니 에우리디케는 전날 페르세포네의 집에 와서 잔다는 사실조차 알리지 않은 모양이었다! 페르세포네는 편지에 에우리디케와 같이 학교에 조금 늦게 도착할 테니 염려 말라며, 에우리디케가 남은 기간 동안에도 자신의 집에서 머물 작정이라고 썼다. 마법 바람이 편지를 가지고 떠나자 페르세포네와 에우리디케는 날개 샌들을 신었다. 이윽고 둘은 지하 세계를 향해 쌩 날아갔다.

8 룸메이트

월요일 저녁 8시.

똑똑똑.

노크 소리에 하데스가 기숙사 문을 열었다. 오르페우스가 문 앞에서 손을 들고 다시 노크하려 하고 있었다.

"어이, 친구. 안녕."

갑작스런 슈퍼스타의 등장에 하데스는 깜짝 놀라 멍하게 서 있었다. 그러는 사이, 오르페우스는 하데스 곁을 지나 허락도 받지 않고 태연히 방으로 들어섰다.

"어, 그래. 안녕."

하데스는 일부러 문간에서 꿈쩍도 않고 물었다.

"혹시 내가 도와줄 일이라도 있어?"

"응, 내 가방 좀 옮겨 줘. 고마워."

하데스의 방문 바깥 복도에 가방 두 개가 덩그러니 놓여 있었다.

하데스는 아무 말 없이 팔짱을 턱 끼고 가만히 서 있었다. 지하 세계에서 골칫덩이 영혼을 다룰 때 종종 쓰는 방법이었다. 잠잠히 기다리고 있으면 상대가 불안해져서 자기 입장을 먼저 해명하려 들기 마련이었다. 오르페우스한테도 그 방법은 정확히 먹혔다.

"헤라클레스가 그러는데 네 룸메이트가 이번 주에 멀리 떠나 있다며."

오르페우스는 작은 방을 여기저기 살피며 말을 이었다.

"그러니까 내가 너랑 같이 지내도 되지?"

하데스는 인상을 팍 찌푸렸다.

"나랑? 왜? 네 경호원 독사는 어쩌고?"

하데스는 문 밖으로 고개를 내밀고 복도를 살폈다. 독사가 어서 와서 오르페우스를 데려갔으면 싶었다.

"독사는 헤라클레스랑 같이 지낼 거야. 둘이 각종 무기 얘기며 그간 세운 공로에 대해 얘기하느라 죽이 제대로 맞았어. 아예 내가 방에서 나오는 줄도 모르던걸."

하데스는 어떤 광경일지 상상이 되어서 씩 웃음이 났다.

"글쎄 그런데……."

하데스가 망설이며 운을 떼자 오르페우스가 하데스의 말을 가로막았다.

"솔직히 말할게. 난 지하 세계가 노래를 만들기에 아주 매력적인 주제라고 생각해. 그곳에 대해 자세히 알고 싶은데, 다들 지하 세계라면 앞뒤 따질 것 없이 하데스한테 가라고 하더라고."

오르페우스는 하데스가 벽에 붙여 놓은 지하 세계 지도를 빤히 쳐다보았다. 반대편 포세이돈의 책상에는 각종 바다 지도가 붙어 있었다.

하데스는 은근히 놀라 대답했다.

"그래, 뭐 괜찮겠지. 지하 세계에 대한 노래를 쓸 작정이라면 부디 인간에게 경고나 해 줘. 지하 세계는 살아 있는 인간을 반기지 않는다고 말이야."

지난 토요일 밤 사건 때 분노의 여신을 겨우 진정시키긴 했지만, 인간이 또 지하 세계 주변을 어슬렁거리면 아주 팔팔 뛸 게 분명했다.

하데스는 복도에 덩그러니 놓인 오르페우스의 가방을 들고 들어와 포세이돈의 침대에 툭 내려놓았다. 그러자 오르페우스가 기겁했다.

"어, 조심해! 안에 내 리라가 들어 있단 말이야. 내 리라는 정말 특별한 거야."

오르페우스는 가방으로 후다닥 뛰어가 현이 열두 줄 달린 리라를 꺼내 찬찬히 살폈다.

하데스는 자기 책상 쪽을 힐끗 쳐다보았다. 밀린 숙제를 하던 중이었는데 아무래도 숙제는 포기하고 갑작스런 손님과 놀아 줘야 할 듯했다.

'그런데 록 스타랑은 뭘 하고 놀지?'

그때 오르페우스가 고개를 갸웃하며 가만히 귀를 기울였다.

"지금 어디서 음악 소리가 나는 것 같지 않아?"

하데스가 고개를 끄덕이며 대답했다.

"아, 복도 끝 휴게실에서 애들 몇 명이 연주를 하고 있을 거야. 그러고 보니 포세이돈이 떠난 동안 내가 드럼을 맡기로 약속했구나."

하데스는 기대에 찬 눈빛으로 물었다.

"어이, 오르페우스. 같이 갈래?"

오르페우스는 리라를 들고 벌써 문 밖을 나서고 있었다. 하데스는 텅 빈 방에서 혼자 중얼거렸다.
"어……, 그러마고 대답한 걸로 칠게."
이내 하데스는 어쩌겠냐는 듯이 한 번 씩 웃고 방을 나섰다.
오르페우스와 하데스가 휴게실에 들어서자 아폴론, 디오니소스, 아레스가 반갑게 맞았다.
"하데스, 오늘 드럼을 맡을 거라며?"
아레스가 묻자 하데스가 농담하듯 경고했다.
"그래, 그러니까 귀를 단단히 틀어막아야 할 거야."
사실 하데스의 드럼 실력은 아주 뛰어났다. 아폴론도 처음 천상천하 밴드를 만들 때 하데스에게 드럼을 맡아 달라고 부탁했을 정도였다. 하지만 하데스는 지하 세계 일에 매여 있어서 밴드 활동을 할 수가 없었다. 솔직히 아이들의 주목을 받는 게 부담스럽기도 했다. 결국 포세이돈이 드럼을 맡게 되었지만, 하데스도 가끔씩 이렇게 연습이나 즉흥 연주에 참가할 기회가 있으면 기꺼이 함께했다.
첫 음이 울려 퍼진 뒤 시간이 빠르게 흘렀다. 오르페우스가 함께 노래하고 연주하니 소리는 더욱 아름다웠다. 거의 황홀할 정도였다.

한참 뒤 오르페우스가 말했다.

"휴, 덥네. 창문을 좀 더 열면 안 될까?"

그러자 아레스가 장난을 걸었다.

"보기보다 약골이네. 진짜 열기가 어떤 건지 알고 싶으면 하데스한테 물어 봐."

오르페우스가 씩 웃었다.

"안 그래도 그럴 작정이야. 지하 세계에 대해서 자세히 알고 싶거든. 지금 에우리디케랑 같이 곡을 만들고 있는데 도움이 될 거 같아."

하데스가 대답했다.

"먼저 알아 둬야 할 점은 지하 세계는 여기랑 비교할 수 없을 만큼 뜨겁다는 거야. 적어도 용암 구덩이 근처는 그렇지."

하데스가 창문에서 가장 가까운 곳에 앉아 있었던 터라 자리에서 일어나 창문을 활짝 열었다.

"우아!"

갑자기 하데스가 놀라서 주춤 뒤로 물러났다. 눈앞에 믿을 수 없는 광경이 펼쳐져 있었다.

"얘들아! 이리 와 봐! 오르페우스한테 새 팬이 생겼는걸."

학교 안뜰에 오소리와 비슷하게 생긴 웜뱃, 너구리, 고양잇과 동물 오실롯, 표범, 여우 등 온갖 야행성 동물이 가득 모여 있었다. 대리석 계단에 기분 좋게 옹크리고 있는 녀석, 꽃밭에 납작 엎드린 녀석, 안뜰 타일 바닥에 길게 드러누운 녀석까지 다양했다. 창턱에는 나이팅게일과 부엉이가 줄줄이 앉아 귀를 기울이고 있었다. 하늘에는 박쥐 떼가 우아하게 날아다녔다.

"우아! 이런 일은 처음인데."

아폴론이 탄성을 터뜨렸다. 하데스와 친구들은 창가에 우르르 몰려들어 놀라운 광경을 찬찬히 살펴보았다.

잠시 후 디오니소스가 말을 꺼냈다.

"오르페우스의 음악 때문이야. 틀림없어. 오르페우스의 음악 소리에 반해서 숲 밖으로 걸어 나온 거야!"

그러자 오르페우스는 동물들을 바라보며 어깨를 들썩였다.

"대수롭게 여길 것 없어. 난 늘 겪는 일이야."

갑자기 복도에서 쿵쿵 하는 발소리가 들리더니 소리가 점점 휴게실과 가까워졌다. 남자아이들이 문 쪽으로 고개를 돌린 순간, 문이 휙 열리면서 반대편 벽에 쾅 부딪혔다. 벽 쪽에 있던 경첩 하나가 그대로 부서져 버렸다.

문간에는 제우스 교장 선생님이 떡 버티고 서 있었다. 제우스는 이글거리는 눈빛으로 휴게실에 모여 있는 아이들의 얼굴을 하나하나 살폈다. 그러더니 굳은 표정으로 검지를 들어 아이들을 똑바로 가리켰다. 근육이 울퉁불퉁 불거진 팔에 전기가 찌리릿 통하고, 불꽃이 파파팍 튀었다.

'밤에 너무 시끄럽게 굴었다고 우리를 산산조각 내려고 하시는 걸까?'

제우스가 입을 열자 아이들은 모두 바짝 긴장해서 숨도 제대로 쉬지 못했다. 그런데 제우스가 갑자기 벙글벙글 웃는 게 아닌가? 심지어 제우스의 얼굴에서 황홀한 표정이 스치고 지나갔다.

"왜 그 매혹적인 음악을 더 연주하지 않는 거냐?"

제우스가 어리둥절한 듯 묻자 아이들은 입을 떡 벌리고 제우스만 쳐다보았다. 오르페우스가 뿜어내는 음악의 힘에서 누구도 벗어날 수 없는 듯했다. 신들의 제왕이자, 하늘을 지배하는 자이며, 올림포스 학교 교장인 제우스마저 그의 팬이 되다니!

9 씨앗 뿌리기

화요일 아침.

페르세포네는 에우리디케를 데리고 지하 세계 맞은편 강변에 도착했다. 그런데 놀랍게도 여자아이들이 스틱스 강가를 돌아다니고 있었다.

"저 애들은 누구야?"

에우리디케가 발아래를 가리키며 묻자 페르세포네가 대꾸했다.

"내 말이 그 말이야."

몸이 빛나지 않는 걸 보니 딱 봐도 인간이었다.

'인간이 여기에 대체 왜 온 거지?'

페르세포네는 몸을 숙이고 아래쪽을 유심히 살폈다. 그러다 한 아이가 '내 사랑 하데스 ♥▼♥'라고 쓴 팻말을 들고 있는 걸 보았다.

'응? 저게 뭐지?'

에우리디케가 먼저 말을 꺼냈다.

"보아하니 네 남자 친구한테 팬클럽이 생긴 것 같은데? 잘됐네! 네가 씨앗을 심으러 간 사이 저 애들이랑 놀면 되겠다. 난 혼자 있는 걸 싫어하거든."

페르세포네는 에우리디케를 놀란 눈으로 바라보았다.

'난 누구나 가끔은 혼자 있고 싶을 때가 있을 거라 생각했는데. 생각도 정리하고 아니면 그냥 조용히 혼자 있는 것 자체가 좋잖아. 하긴 록 스타는 다를 수 있겠다. 늘 팬에게 둘러싸여 지내는 데 익숙해져서 혼자 있는 게 어색할지도 몰라.'

이윽고 페르세포네와 에우리디케는 나루터 근처에 내려앉았다. 페르세포네는 보통 걸음으로 걸을 수 있도록 곧장 뒤꿈치의 은색 날개에 샌들 끈을 감았다. 물론 에우리디케는 그럴 필요가 없었다. 페르세포네가 잡은 손을 놓자마자 날갯짓도 바로 멈추었으니까.

저 앞쪽에 배 한 대가 건너편 지하 세계에 승객을 한가득 내려놓고 천천히 다시 돌아오고 있었다. 허리가 곱은 늙은 뱃사공 카론이 키를 잡은 모습이 보였다. 페르세포네가 손을 흔들어 인사를 건네자, 카론도 뿔피리를 불며 알은체했다.

갑자기 강가에 있던 여자아이 한 명이 페르세포네와 에우리디케를 알아보고 빽 소리를 질렀다.

"어머, 페르세포네잖아! 에우리디케도 있어!"

페르세포네는 가방을 움켜쥐고 뒤로 주춤 물러났다. 갑자기 여자아이들이 우르르 몰려들었기 때문이다. 그러나 에우리디케는 가방을 툭 내려놓더니 두 팔을 활짝 펴고 소리쳤다.

"얘들아, 안녕!"

카론이 배를 대며 페르세포네에게 물었다.

"지하 세계에 데려다주련?"

"예, 부탁드려요."

페르세포네는 배로 가기 전에 에우리디케에게 다시 물었다.

"괜찮겠어? 가능한 빨리……."

에우리디케가 페르세포네의 말을 막고 어서 가 보라는 듯 훠이훠이 손짓을 했다.

"어서 가 봐. 난 괜찮아."

에우리디케는 사람들의 주목을 끌어 기분이 좋은지 벌써 사인을 해 주고 있었다.

"그래, 금방 돌아올게."

페르세포네는 얼른 달려가 배가 출발하기 직전에 아슬아슬하게 올랐다. 배에는 이미 열 명 가까운 영혼이 타고 있었다.

"이렇게 이른 아침에 어쩐 일이냐?"

카론이 페르세포네에게 물었다. 카론의 구슬픈 목소리는 어쩐지 뱃고동 소리를 떠올리게 했다.

페르세포네는 카론을 향해 방긋 웃었다. 지하 세계를 자주 오가다 보니 어느새 둘은 꽤 친한 사이가 되었다. 페르세포네는 가방을 위로 들고 흔들었다. 상자에 든 씨앗이 달그락달그락 호기심을 자극하는 소리를 냈다.

"깜짝 선물을 가져왔어요. 하데스의 생일 때문에요. 죄송한데 그 이상은 말씀 못 드려요."

"그 녀석을 위해 특별한 걸 준비하고 있다니 기쁘구나. 그 녀석은 널 좋아해. 보면 알 수 있지. 네가 준 유리구슬을 항상 하고 다닌단다."

"유리구슬이요?"

페르세포네는 카론이 무슨 말을 하는지 알 수가 없었다.

'그런 선물은 준 적이 없는데.'

"씨앗이 든 것 말이다."

카론이 당연하지 않느냐는 투로 대답하는 바람에 페르세포네는 더욱 궁금해졌다.

"무슨 씨앗이요?"

카론은 더 이상 말이 없었다. 배를 몰랴, 허리춤의 돈주머니에 든 동전을 세랴 바빠서 대답할 틈이 없는 것 같았다. 카론은 지하 세계로 데려다주는 뱃삯으로 영혼마다 오볼로스 한 닢을 받았다. 동전을 다 세고 나자 카론은 배를 반대편 강가로 모는 데만 집중했다. 페르세포네의 질문은 까마득히 잊어버렸는지 대뜸 다른 이야기를 꺼냈다.

"하데스가 요즘 스트레스를 많이 받는단다. 팬이랍시고 인간들이 몰려와서 말이다. 무슨 목록에 하데스 이름이 오른 뒤로 자꾸 살아 있는 인간이 지하 세계에 숨어들려고 해."

"〈십대들의 두루마리〉 잡지에 난 독자 투표 말씀이세요?"

페르세포네는 그제야 이해가 갔다.

'어제 저녁 학생 식당에서 하데스가 나한테 그 얘기를 하려던 거구나! 팬클럽 여자애들을 어떻게 하면 좋을지 나한테 조언을 구하고 싶었던 걸까?'

카론이 고개를 끄덕였다.

"그래, 독자 투표라고 했던 것 같구나. 그 때문에 이 난리 법석이 난 거야."

강이 서서히 늪지로 변하면서 카론이 이맛살을 찌푸렸다. 배를 건너편까지 안전하게 몰고 가기 위해서 모든 기술을 동원해야 할 때였기 때문이다.

페르세포네는 카론이 말한 유리구슬이 뭔지 너무너무 궁금했지만 카론을 방해하지 않기로 했다. 자칫하면 난파당할 수도 있으니까!

배가 드디어 건너편 강둑에 안전하게 도착하자 페르세포네는 다시 한번 물어보기로 했다.

"아까 말씀하신 유리구슬 말이에요."

그러나 이제 카론은 배를 대느라 바빴다.

"지하 세계 도착이요, 모두들 내리쇼!"

영혼들이 웅성대며 배에서 내렸다. 페르세포네는 그 무리에 휩싸여 카론한테 겨우 손만 흔들어 인사하고 내렸다. 영혼들이 지하 세계를 지키는 커다란 경비견 케르베로스 쪽으로 우르르 몰리자, 페르세포네는 무리에서 옆으로 살짝 빠져나왔다. 그때 머리가 셋 달린 케르베로스가 침을 줄줄 흘리며 큰 소리로 울부짖었다. 영혼들은 깜짝 놀라 오들오들 떨며 뒤로 물러났다. 하지만 페르세포네는 전혀 두렵지 않았다.

'생긴 건 무시무시하지만 케르베로스는 천하의 순둥이인걸.'

페르세포네는 케르베로스의 머리 셋을 한 번씩 쓰다듬고 나서 길게 줄을 선 영혼들 곁을 떠났다. 이제 각 영혼은 생전의 잘잘못에 따라 하데스의 두 부하인 히프노스와 타나토스의 심판을 받게 될 터였다.

잠시 후 페르세포네는 광활한 들판을 타박타박 걸었다. 회색

안개가 발목을 스르르 휘감았다. 지하 세계에도 이 들판처럼 군데군데 전혀 뜨겁지 않은 곳이 있었다. 들판의 선선함은 오히려 상쾌하게 느껴졌다. 페르세포네는 햇살이 빛나고, 더없이 푸르른 올림포스 산도 좋아하지만, 고요하고 그늘진 지하 세계도 좋았다.

'어느 쪽이 더 좋은지 고르라면 난 절대 선택할 수 없을 거야.'

땅이 질어서 질퍽질퍽해지자 페르세포네는 샌들의 날개에 감아 놓았던 끈을 풀었다. 은빛 날개가 파닥이자 페르세포네는 허공으로 붕 날아올라 늪지를 스치듯이 날았다.

저 멀리 들판에 높이 솟은 봉우리가 보였다. 그 봉우리 너머가 지하 세계에서 가장 살기 좋은 엘리시온 언덕이었다. 그곳으로 가게 된 운 좋은 영혼들은 영원히 잔치를 벌이고 노래를 부르며 즐겁게 지냈다. 그런데 페르세포네가 씨앗을 심으려 마음먹은 곳은 엘리시온이 아니었다. 엘리시온은 과일나무가 가득하고 푸르른 초원이 펼쳐져 있어 이미 충분히 아름다웠다. 게다가 말썽이 일어나는 일이 거의 없어서 하데스가 방문하는 경우도 드물었다.

'하데스가 거의 매일 들르는 곳에 꽃이 피게 할 거야.'

잠시 후 페르세포네는 목적지에 도착했다. 시커먼 암벽에 작은 성이 있었다. 그곳이 바로 하데스의 지하 세계 집이었다.

"휴, 여기가 그 악명 높은 성이구나."

페르세포네가 혼자 중얼거렸다. 하데스한테 이야기는 들었지만 실제로 보는 것은 처음이었다. 하데스는 그곳을 '적막한 곳'이라고 묘사했다.

'흠, 참으로 절제된 표현이랄까?'

짙은 안개는 성 전체를 휘감았고, 아래쪽은 진흙탕 해자에 둘러싸여 있었다. 들었다 내렸다 할 수 있는 도개교를 지나 성으로 들어가면, 해시계 비슷한 어둠 시계가 설치된 안뜰이 나왔다. 밖에서 바라본 성의 모습은 버림받은 듯 쓸쓸하면서도 어찌 보면 섬뜩하기까지 했다.

성 너머에는 페르세포네도 가 본 적 있는 타르타로스가 자리 잡고 있었다. 타르타로스는 지하 세계에서도 가장 악명 높은 곳으로, 극악무도한 자나 올림포스 신과 마찰을 일으킨 자를 가두는 곳이었다. 지하 세계가 놀이공원 같은 곳이 아니란 걸 페르세포네도 잘 알고 있었다.

'그렇다고 완전히 칙칙하기만 해야 한다는 법은 없잖아! 하데스가 여기 머물 때 지금보다 조금이라도 더 밝은 분위기를 느

끼게 하고 싶어.'

페르세포네는 가방에서 씨앗이 가득한 상자를 꺼내 뚜껑을 열었다. 그러고는 얼른 주문을 외웠다.

> 지하 세계의 흙이여,
> 검은 가슴을 열어라.
> 이 씨앗을 받아들여,
> 아름다운 꽃 피우라.

곧바로 성 주위에 있던 연못에서 물이 빠지더니 도개교 양쪽 땅이 스스로 일구어졌다. 그리고 잠시 후 기름진 흙이 가득한 이랑이 생겼다. 모든 준비를 마치자 페르세포네가 12센티미터 간격으로 이랑을 따라 씨앗을 뿌렸다. 씨앗이 땅에 닿으면 흙이 저절로 씨앗을 덮었다.

페르세포네는 이따금 뒤를 확인했다. 하데스가 지하 세계에 아무 문제가 없는지 확인하러 자주 들르기 때문에 언제 이곳에 나타날지 몰랐다.

'부디 하데스가 오지 말아야 하는데. 깜짝 선물이니까 들키고 싶지 않단 말이야.'

씨앗을 모두 뿌린 뒤 페르세포네는 모든 꽃이 하데스의 생일 정오에 맞춰 피도록 '때맞춤' 주문을 외웠다.

맘 졸여 기다린 토요일 정오.
어여쁜 꽃이 활짝 피어나리라.
음울한 지하 세계 성이라 해도
화사한 빛깔 앞에 미소 지으리.

이어 페르세포네는 자신이 직접 선보이기 전에는 하데스가 새로 생긴 꽃밭을 볼 수 없도록 은닉 주문을 걸었다. 모든 준비를 다 마친 뒤 페르세포네는 어둠 시계를 확인했다.
'어머, 시간이 벌써 이렇게 되다니!'
페르세포네가 예상한 것보다 작업이 오래 걸린 모양이었다. 페르세포네의 지하 세계 방문 허가증은 1교시까지만 유효할 뿐 2교시가 시작되는 순간에는 바로 무효가 되었다.
'서둘러야 해!'
페르세포네는 만약 하데스가 알았더라면 절대로 허락할 리 없는 대담한 행동을 하기로 마음먹었다. 나루터로 돌아가기 위해 금단의 들판을 가로지르는 지름길을 택한 것이다. 페르세포네는 날개 샌들을 신고 나는 듯이 달렸다. 그때 금단의 들판 수풀 사이에 숨어 있던 알록달록한 뱀들이 페르세포네를 향해 쉿쉿거리며 달려들었다.

"오, 신이시여!"

페르세포네는 놀란 마음을 진정시키고 나서 더욱 신중하게 움직이기로 했다. 하데스가 금단의 들판에 사는 뱀은 치명적인 독을 가지고 있다고 했기 때문이다. 물론 페르세포네가 허공에 떠 있는 한 뱀에 물릴 리는 없지만 조심하는 게 좋았다.

'이쪽 길을 택한 게 역시 좋은 생각은 아니었나 봐.'

다행히 페르세포네는 그 뒤로 아무 사고 없이 금단의 들판을 무사히 통과했다.

"휴."

안도의 한숨이 절로 나왔다.

돌아가는 뱃길에 카론은 물이 새는 구멍을 발견하고 배를 수리하느라 무척 바빴다. 페르세포네는 결국 유리구슬 이야기를 꺼내지 못하고 강 건너편에 도착했다. 에우리디케가 스타로 사는 삶에 대해 아이들에게 신나게 이야기를 들려주고 있었다.

"인기 가수가 된다는 건 지이이이이인짜 즐거운 일이야. 최신 유행 패션에 민감해야 하고, 사인도 열심히 해야 하고, 무엇보다 좋은 음악을 만드는 게 중요해. 얘들아, 생각해 봐. 6개월 전만 해도 난 무명 가수였어. 너희랑 똑같은 평범한 아이였는 걸. 그러니까 너희도 곧 바라는 꿈을 이룰 수 있을 거야!"

주위의 아이들은 한 마디라도 놓칠세라 귀를 쫑긋 세우고 이야기에 집중했다. 그 모습을 보며 페르세포네가 속으로 중얼거렸다.

'에우리디케는 인간이라 진짜 마법은 못 쓰지만, 마법처럼 남의 마음을 끄는 힘을 가졌어. 오르페우스도 그렇고. 그래서 스타가 됐나 봐.'

올림포스 학교로 돌아가는 내내 에우리디케는 지하 세계에 대해 온갖 질문을 퍼부었다. 페르세포네는 아는 대로 열심히 대답하고, 자신이 가 본 곳을 자세히 묘사해 주었다. 아름다운 엘리시온 언덕이며, 섬뜩한 금단의 들판, 용암이 펄펄 끓는 무시무시한 타르타로스에 대한 이야기가 이어졌다.

곧 페르세포네와 에우리디케는 학교 안뜰에 내려앉았다. 마침 앞에서 아프로디테가 계단을 부지런히 올라가고 있었다. 페르세포네와 에우리디케는 서둘러 아프로디테를 따라잡았다.

"어머, 그 멋진 키톤은 어디서 났어?"

에우리디케가 아프로디테에게 물었다. 아프로디테는 레이

스 장식이 달린 분홍색 새 키톤을 입고 있었는데, 페르세포네도 속으로 예쁘다고 생각하며 감탄하고 있었다.

"불멸 쇼핑센터에서 샀어."

아프로디테는 방긋 웃더니 패션모델처럼 한 손을 허리에 얹고 다른 손으로 머리카락을 휙 휘날렸다.

"아, 그곳 소문은 나도 들었어!"

학교 청동 문을 향해 걸어가는 동안 에우리디케는 아프로디테와 발걸음을 맞추어 걸었다. 셋이 한꺼번에 문을 지나가기는 비좁아서 결국 페르세포네가 뒤로 처졌다.

"불멸의 존재는 거기서 쇼핑한다며?"

에우리디케는 학교로 들어서면서도 계속 아프로디테에게 말을 걸었다. 이야기에 너무 열중하느라 뒤에 오는 페르세포네를 위해 문을 잡아 주지도 않고 그냥 들어갔다. 청동 문이 곧장 페르세포네의 얼굴을 향해 날아왔다. 페르세포네는 아슬아슬하게 문을 도로 밀어냈다. 에우리디케는 그 사실을 전혀 알아차리지 못한 채 계속 아프로디테하고만 이야기를 나누었다.

"거기 가 보고 싶어. 이따 수업 마치고 같이 쇼핑 갈까?"

아프로디테가 흔쾌히 대답했다.

"그래, 난 쇼핑이라면 언제든지 환영이야."

"나도 그래! 그럼 아예 오늘 밤 네 방에서 지낼까? 페르세포네가 그러는데 네 방에 남는 침대가 있다며? 네가 가진 옷을 함께 살펴보면서 패션 여신 대 패셔니스타로서 아이디어를 나누는 거지. 어때?"

둘의 곁으로 다가가던 페르세포네는 기가 막혀서 에우리디케를 빤히 쳐다보았다.

'나랑 했던 약속은 어떻게 하고? 데이지 장식을 달자며? 우리 집에서 같이 놀자며? 다 잊어버린 거야?'

다행히 아프로디테는 잊지 않고 있었다.

"이번 주 내내 페르세포네 집에서 묵기로 하지 않았니? 오늘 아침에 오르페우스가 소식을 전해 받았다던데. 아레스한테 그렇게 들었어."

아프로디테가 머뭇거리며 말하자 에우리디케는 태연하게 대답했다.

"아, 확실하게 정한 건 아니었어. 페르세포네도 신경 쓰지 않을 거야."

에우리디케는 페르세포네를 바라보며 덧붙였다.

"퍼시, 괜찮지?"

"으, 응."

솔직히 페르세포네는 전혀 괜찮지 않았다. 철저히 무시당한 기분이었다.

'난 여태껏 에우리디케가 특별히 나하고만 친구가 되고 싶어 하는 줄 알았는데 완전히 헛다리를 짚은 거였어.'

페르세포네는 억지 미소를 지었지만 입가가 파르르 떨렸다. 기분이 나쁘다고 솔직히 말하고 싶었다.

'나도 자신감 넘치는 메두사처럼 행동할 수 있다면 좋을 텐데. 메두사는 언제든지 자기 기분을 있는 그대로 표현하잖아.'

다행이라면 다행이게도 아프로디테가 페르세포네의 기분을 눈치챈 것 같았다.

"페르세포네, 너도 와서 같이 지내지 않을래? 네가 아르테미스 방에서 묵으면 다 같이 놀 수 있잖아."

에우리디케가 꺅! 하고 비명을 지르며 페르세포네를 덥석 끌어안았다.

"그래, 그래. 퍼시, 너도 꼭 와야 해. 무조건, 알았지? 네가 없으면 재미없을 거야."

그 말을 듣자 페르세포네는 스타가 자신과 어울리고 싶어 한다는 생각에 다시 기분이 좋아졌다. 기분이 너무 좋아서 아르테미스가 침을 줄줄 흘리는 사냥개 세 마리를 키운다는 사실마

저 잠시 잊었다. 하지만 아프로디테와 달리 페르세포네는 개를 싫어하는 정도는 아니니까 그럭저럭 견딜 수 있을 듯했다.

'게다가 이런 신나는 기회를 어떻게 놓치겠어? 슈퍼스타가 우리 학교에 맨날 오는 건 아니잖아?'

그때 1교시가 끝났음을 알리는 리라 종이 울렸다. 아이들이 복도로 우르르 쏟아져 나왔다.

"다음 수업은 뭐야?"

에우리디케가 페르세포네에게 물었다.

"야수학. 최근 인간 세상에서 목격된 마법 생물에 대해 각자 조사해 온 내용을 발표할 거야."

"재미있겠다!"

그러자 어느새 곁에 다가온 아테나가 말했다.

"어머, 소식 못 들었니? 아빠가 2, 3교시를 전부 취소하셨어. 학교 안뜰에서 콘서트가 열릴 거야. 특별한 손님들의 노래를 모두가 감상할 수 있도록 하시겠대."

아프로디테가 설명을 더했다.

"알고 보니 교장 선생님도 오르페우스의 노래를 엄청 좋아하신대."

그러자 에우리디케가 대꾸했다.

"내 노래도 좋아하셔야 할 텐데."

에우리디케는 자기 이름이 나오지 않아서 발끈한 것 같았다. 눈치를 챈 아테나가 예의 바르게 대답했다.

"네 노래도 당연히 좋아하실 거야."

에우리디케의 얼굴이 다시 환해졌다.

"그럼 이번 기회에 깜짝 놀라게 해 드려야겠네! 신들의 제왕이자 하늘을 다스리는 자를 위해 공연했다면 완전 출세한 거지, 그렇지? 콘서트가 끝나면 〈십대들의 두루마리〉 잡지에 보도 자료를 보내서 내 팬들에게 알려 줘야지."

"그건 내가 도와줄게."

파마가 냉큼 끼어들었다. 파마는 페르세포네 일행 주위를 서성이며 무슨 말이 오가는지 엿듣고 있었다.

"어머, 잘됐다. 고마워!"

에우리디케는 아이들에게 인사를 건네고 천상천하 밴드가 공연 준비를 하고 있는 안뜰로 후다닥 달려갔다.

이내 임시 무대 주위에 학생들이 가득 찼다. 학생들은 벤치에 앉거나 준비해 온 담요를 바닥에 쫙 펼치고 그 위에 철퍼덕 주저앉았다. 페르세포네와 아테나는 무대가 잘 보이는 돌담에 자리를 잡았고, 아프로디테와 아르테미스는 근처 대리석으로 된 긴 의자에 앉았다.

　에우리디케와 오르페우스가 무대 근처에서 머리를 맞대고 뭔가 이야기하는 사이, 천상천하 밴드가 슬슬 몸을 풀고 연주 준비를 했다. 페르세포네는 악기 설치를 돕는 하데스를 보고 손을 흔들어 반갑게 인사를 건넸다. 그러자 하데스도 페르세포네를 향해 빙그레 웃었다.

　잠시 후 오르페우스가 무대에 올랐다. 사방에서 우레와 같은 박수 소리가 쏟아졌다. 뒤이어 에우리디케와 천상천하 밴드 멤버인 아레스, 디오니소스, 아폴론도 무대에 올라 각자 자리를 잡았다. 하데스는 무대 뒤편으로 가서 포세이돈 대신 드럼 앞에 앉았다.

　첫 번째 곡은 오르페우스 혼자 리라를 켜며 노래를 불렀다. 아름다운 목소리와 리라 소리가 교정에 울려 퍼졌다. 음악에 매혹된 숲 속 동물이 점점 교정으로 다가왔다. 다람쥐가 쪼르르 달려와 벤치에 앉는가 하면, 토끼가 깡충깡충 뛰어나와 꽃밭에 자리를 잡고, 오리가 뒤뚱뒤뚱 걸어와 무대 근처에 섰다. 심지어 아르테미스의 황금 뿔 달린 사슴까지 다가와 음악에 귀를 기울였다. 얼마 지나지 않아 학생들은 숲 속 동물에게 빙 둘러싸였다. 다채로운 빛깔의 새가 나뭇가지마다 자리를 잡았고,

나비마저 덤불과 학교 지붕에 살포시 내려앉았다.

제우스는 교장실에서 창문을 활짝 열고 오르페우스의 노랫소리를 즐겼다. 행정실 히드라 선생님의 아홉 머리가 모두 빙그레 웃으며 창밖으로 고개를 내밀었다. 심지어 짜증이 많은 녹색 머리마저 웃고 있었다. 그만큼 오르페우스의 노래는 대단했다!

두 번째 곡부터는 천상천하 밴드도 연주를 함께했다. 오르페우스가 노래를 하면, 에우리디케가 그에 맞추어 화음을 넣었다. 지난 토요일 콘서트에서 이미 확인했지만 둘이 함께하는 노래는 참으로 아름다웠다.

그 뒤로 몇 곡을 더 부른 뒤 오르페우스가 깜짝 발표를 했다.

"이제부터 여러분께 새로운 노래를 들려 드리려고 합니다. 제가 오래전에 쓴 곡인데, 오늘 아침에야 에우리디케가 가사를 붙였어요. 노래 제목은 '진실 혹은 대담'입니다!"

'뭐라고?'

페르세포네는 깜짝 놀라 자세를 고쳐 앉았다.

노래가 시작되자 페르세포네는 에우리디케가 새 노래를 만들기 위해 자신이 들려준 이야기를 가져다 썼다는 걸 깨달았다. '대담'을 골랐다가 오르페우스의 사인을 받게 된 일이며, 하데스와 처음 만났던 때의 이야기들이 다 나왔다. 그런 일이 딱히 비밀이랄 수는 없지만, 그래도 페르세포네는 배신당한 기분이었다.

'그런 이야기를 이렇게 공개적으로 쓰려면 나한테 먼저 허락을 구해야 하는 거 아니야?'

그래도 새 노래가 좋다는 것만큼은 인정할 수밖에 없었다.

그대 도전해 담대하게,
꺼림칙한 마음 버리고,
네가 먼저 다가가,
간 크게, 소리 크게,
심장 파르르 떨려도
도전을 피하지 마…….

노래가 끝날 무렵 에우리디케가 갑자기 청중에게 도전 과제를 마구 던졌다. 하나같이 장난기 가득한 것들이라 모두 웃음을 터뜨렸다. 아레스한테 옆으로 공중제비를 돌아보라고 하자 아레스는 기꺼이 재주를 선보이고서 청중에게 허리 숙여 인사를 했다. 이리스한테는 하늘에 하트 모양 무지개를 만들라는

도전이 주어졌다. 이리스는 물론 도전에 응했고, 하늘에는 아름다운 무지개가 떴다.

그러나 에우리디케가 메두사한테 머리 위의 뱀이 훌라 춤을 추게 해 보라고 하자, 메두사는 단칼에 거절했다. 순간 학교 안뜰에 어색한 침묵이 내려앉았다. 에우리디케는 대뜸 무대 뒤쪽에 앉은 하데스에게 눈길을 돌렸다.

"좋아, 그럼 하데스한테 도전 과제를 주지 뭐. 뭘 시킬까? 페르세포네, 혹시 좋은 생각 있어?"

모두가 페르세포네를 향해 고개를 휙 돌렸다. 페르세포네는 당황해서 뭐라고 대답해야 할지 아무 생각도 떠오르지 않았다.

에우리디케가 까르르 웃음을 터뜨리더니 페르세포네를 재촉했다.

"자, 빨리. 하데스를 곤경에 빠뜨릴 만한 도전거리를 내 봐. 아, 생각났다! 듣자하니 하데스의 드럼 솜씨가 그렇게 대단하다던데."

에우리디케가 하데스를 똑바로 쳐다보며 외쳤다.

"드럼 솔로 연주를 해 봐!"

하데스는 페르세포네만큼이나 남의 주목을 받는 걸 달가워하지 않았다. 그러나 다른 이들의 흥을 깨지 않기 위해 내키지 않는 요구를 너그러이 받아들일 줄도 알았다. 하데스는 씩 웃더니 드럼 채를 공중으로 휙 던졌다가 다시 잡아 드럼을 두드렸다. 짧지만 아주 인상적인 연주였다.

아테나가 페르세포네 쪽으로 고개를 숙이더니 속삭였다.

"우아! 하데스 실력 끝내준다!"

페르세포네는 말없이 고개를 끄덕였다. 아테나 말대로 하데스의 드럼 실력은 포세이돈만큼, 아니 포세이돈보다 훨씬 더 뛰어났다.

하데스의 솔로 연주가 끝나자 곧바로 다음 노래가 이어졌고, 공연은 계속 매끄럽게 진행되었다. 페르세포네는 하데스를 가만히 지켜보았다.

'즐거워 보이네. 그래도 에우리디케가 하데스더러 모두 앞에서 연주하라고 다그치지 않았더라면 좋았을 텐데.'

드디어 공연이 끝났다. 학생들이 점심을 먹으러 식당으로 향하자, 페르세포네는 하데스를 만나러 무대 뒤로 갔다. 어찌된 일인지 해명하고 싶었다.

"믿을 수가 없어! 에우리디케한테 노래를 만들라고 그렇게 미주알고주알 다 얘기한 거야?"

페르세포네가 말을 꺼내기도 전에 하데스가 먼저 분통을 터뜨렸다.

"난 이렇게 곤혹스러운 입장에 처하는 것도, 남들의 주목을 받는 것도 싫어. 내가 그런 걸 얼마나 꺼리는지 너도 알잖아."

'이런!'

무대에서는 아무렇지 않은 척했지만, 하데스는 화가 나도 단단히 난 모양이었다. 페르세포네는 어렵게 말문을 열었다.

"그래, 나도 그 애가 그럴 줄은……."

하데스가 페르세포네의 말을 잘랐다.

"그렇지 않아도 난 지금 그 실없는 잡지 투표 결과 때문에 골치 아파 죽을 지경이야."

하데스가 자리에서 벌떡 일어나더니 짐을 쌌다.

"그렇게 실없는 소리는 아니거든? 나도 그 독자 투표 결과 보는 걸 좋아해. 평소에는 말이야."

페르세포네는 발끈하고 나서 스스로 놀랐다.

'아니, 내가 왜 그 투표 결과를 두둔하고 나서는 거지? 뭐, 어떤 투표는 진짜 재미있기도 하잖아.'

하데스가 흥 하고 콧방귀를 뀌며 대꾸했다.

"그런 걸 보는 건 시간 낭비야. 그 독자 투표니 뭐니 정말 짜증 난다고."

그 말에 페르세포네는 팔짱을 턱 끼며 응수했다.

"어머, 하데스. 너 정말 딱하다. 넌 그래도 '가장 매력적인 아이'라는 딱지가 붙었잖아. 누군들 매력적이고 싶지 않겠어? 그럼 난 뭐 나한테 붙은 딱지가 마음에 드는 줄 아니? '가장 한결같은 아이'가 도대체 뭐냐고!"

그러자 하데스가 혼란스러운 표정으로 페르세포네를 바라보았다.

"한결같은 게 어때서?"

페르세포네는 하데스의 얼굴을 찬찬히 살폈다.

'진짜 모르는 걸까? 하여간 남자애들은 이런 부분에선 좀 둔하다니까.'

페르세포네는 포기하겠다는 듯 어깨를 들썩였다.

"됐어, 신경 쓰지 마."

그러자 하데스가 난데없이 이렇게 말했다.

"애들 장비 챙기는 걸 도와줘야 해."

페르세포네는 놀라서 몸이 뻣뻣이 굳었다.

'어머! 혼자 있게 내버려 두라는 건가? 아, 어쩌다 대화가 이렇게 흘러 버렸지? 지금 우리 상황은 아프로디테와 아레스가 말싸움을 벌이기 직전이랑 똑같잖아.'

페르세포네는 문제를 바로잡고 싶었다. 그러나 에우리디케가 비밀 이야기를 온 우주에 대고 떠벌일 줄은 상상도 못했다는 말도, 곤란하게 만들어서 미안하다는 말도 건네지 못했다. 말을 하려는 찰나 아폴론이 하데스를 불렀고, 하데스가 그대로 뒤돌아 떠나 버렸기 때문이다.

하데스는 걸음을 떼다 말고 페르세포네에게 여전히 등을 돌린 채 말을 꺼냈다.

"투표 결과가 어떻든 상관없어. 학교 아이들이 날 꺼린대도 신경 쓰지 않아. 넌 내 참모습을 알잖아. 그게 가장 중요해. 그리고 나도 네 참모습을 알아. 적어도 네가 에우리디케와 어울리기 전에는 안다고 생각했지."

페르세포네는 한 대 맞은 기분이었다. 뭘 어찌하면 좋을지 몰라 한동안 그 자리에 가만히 선 채 떠나는 하데스의 뒷모습만 지켜보았다.

'왜 하데스는 내게 해명할 기회를 주지 않은 걸까? 왜 내가 에우리디케한테 다들 하데스를 꺼린다는 소리를 했을 거라 생각하는 거지? 혹시 내가 그런 말을 했을지도 몰라. 그렇지만 물어보지도 않고 자기 혼자 확신해 버리면 어떻게 해? 게다가 이제는 아무도 하데스를 멀리하거나 불량 학생이라고 생각하지

않는걸. 그건 올해 초에나 있었던 일이잖아.'

페르세포네는 울음이 터질 것만 같았다. 동시에 화도 부글부글 치밀었다.

'자기가 뭔데 감히 나더러 에우리디케랑 친하게 지내지 말라고 해? 뭐, 정확히 그렇게 말한 건 아니지만, 어쨌든 그런 뜻을 비친 거잖아. 예전에 친구들이 나한테 하데스는 나쁜 아이니까 어울리지 말라고 했을 때, 내가 그 말을 들었다면 어떻게 됐겠어? 이렇게 친구가 되지도 않았을 거야. 하데스는 어째서 그걸 모르는 거지?'

페르세포네는 입술을 지그시 깨물었다.

'하데스, 네가 에우리디케를 좋아하지 않는다고 해서 내가 그 애를 헌신짝 버리듯 버리는 일은 없을 거야. 이 친구를 지키느라 저 친구를 버리는 게 말이 돼? 절대 그럴 수 없어!'

페르세포네는 명치 언저리가 갑갑했다. 하지만 애써 그 느낌을 모른 척하고 하데스에게 등을 돌렸다. 페르세포네는 그대로 무대에서 뛰어내려 식당으로 성큼성큼 걸어가 버렸다.

10 판결

모두가 꺼려 해도…… 너를 피하려 해도……,

오르페우스와 에우리디케의 노랫말이 자꾸만 머릿속에서 빙빙 돌았다. 페르세포네가 무대를 떠나 버리자 하데스도 친구들에게 말 한마디 없이 무대에서 훌쩍 뛰어내려 반대편으로 걸어갔다. 식당에 가면 아이들이 북적거릴 텐데 지금은 누구랑 어울리고 싶은 기분이 아니었다. 결국 하데스는 숲 속으로 걸어 들어갔다.

'오르페우스는 에우리디케가 자신의 음악에 좋은 영향을 미친다고 했지. 그럴 수도 있어. 하지만 페르세포네한테는 나쁜

영향을 미치고 있어.'

하데스는 땅이 꺼져라 한숨을 쉬었다. 목덜미에 또 소름이 돋았기 때문이다. 지하 세계에서 말썽이 일어나고 있었다.

'아, 이번엔 또 뭐야?'

하데스는 반야를 불러내 땅속으로 질주해 들어갔다.

지하 세계에 도착하자마자 하데스는 강 건너편을 바라보았다. 예전보다 더 많은 여자아이들이 몰려와 있었다.

"하데스! 하데스! 짱 좋아!"

아이들이 함께 구호를 외치더니 "꺄아아악!" 하고 비명을 지르며 기절하는 척했다.

하데스는 괜히 아이들을 부추기고 싶지 않아서 아예 못 본 척했다. 아이들이 그렇게 법석을 피우는 모습이 한편으로 귀엽기도 했지만, 이렇게 지하 세계를 돌아다니다간 정말 위험한 사태가 벌어질 수도 있었다!

그때 카론이 배에서 일어섰다.

"이거 보이냐?"

카론은 인사하는 격으로 말을 툭 던지며 은화 한 닢을 들어 보였다.

"그건 오볼로스잖아요. 왜요?"

그 순간 카론이 동전을 이로 콱 깨무는 바람에 하데스는 깜짝 놀랐다. 그런데 더 놀라운 일이 벌어졌다.

'맙소사, 동전이 반으로 부서져 버렸어!'

카론은 두 동강 난 동전을 하데스에게 건넸다.

"사탕으로 만든 가짜야. 저 애들이 나한테 가짜 동전을 줬단 말이다!"

카론은 이제 막 배에서 내린 두 여자아이의 영혼을 가리켰다. 그 둘은 이곳에 오게 되어 너무 신난다는 듯 지하 세계 입구에서 깡충깡충 뛰고 있었다. 하데스는 그 둘을 손짓해 불렀다.

"왜 카론에게 가짜 돈을 낸 거지?"

하데스는 이렇게 생생하고 들떠 있는 영혼을 본 적이 없었다. 영혼들은 대부분 아주 우울한 분위기를 풍겼기 때문이다.

"가지고 있던 용돈을 다 써 버렸거든."

한 아이가 먼저 대답하자 두 번째 아이가 질세라 나섰다.

"널 만나지 못하면 확 죽어 버릴지도 모르니까 어쩔 수 없었어!"

"바로 그게 문제란 말이다."

카론이 버럭 소리를 질렀다

"너희는 여기 있으면 안 돼. 너희는 살아 있잖아!"

하데스는 놀라서 눈을 휘둥그레 떴다.

"죽은 영혼이 아니라고? 그런데 어떻게?"

그제야 하데스는 아이들이 〈십대들의 두루마리〉 잡지를 들고 있는 걸 알아차렸다.

'설마 이게 다 그 투표 결과 때문이야?'

"저 애들은 영혼이 아니라 살아 있는 인간이야. 날 속여서 들어왔지 뭐냐."

카론은 어이가 없다는 듯이 고개를 절레절레 흔들었다.

"무한한 세월을 살면서 이런 일은 처음 겪는다. 세상에, 날 속이다니."

하데스는 불안한 예감이 들어서 두 여자아이를 서둘러 배에 태우려 했다. 한시라도 빨리 돌려보내야 했기 때문이다.

"어서 돌아가지 않으면……."

"늦었어."

카론이 하늘을 바라보며 애달프게 말했다.

하데스는 고개를 들기도 전에 무슨 일이 일어났는지 알 수 있었다.

'이런, 분노의 여신들이 왔구나.'

분노의 여신 알렉토, 메가에라, 티시포네 자매가 하늘을 빙글빙글 맴돌았다. 세 자매는 헝클어진 머리칼에 살아 있는 뱀을 휘감은 채 섬뜩한 눈으로 두 여자아이를 노려보았다. 하데스는 분노의 여신들에게 손을 흔들어 인사를 건네며 빙그레 웃었다. 어떻게든 분위기를 밝게 만들어야 했다.

"안녕하세요? 이렇게 와 주셔서 고맙습니다. 그런데 여기 상황은 제가 이미 다 정리했어요. 애들은 벌을 받지 않아도 돼요. 영혼이 아니라 살아 있는 인간이더라고요. 애초에 여기 속한 존재가 아니니까 그냥 집으로 돌려보낼게요."

분노의 여신들이 고개를 절레절레 흔들었다. 머리를 휘감고 있는 뱀들이 사납게 쉿쉿거렸다.

먼저 알렉토가 말을 꺼냈다.

"돌려보낼 수 없다."

이어 메가에라가 입을 열었다.

"규칙을 따라야 한다."

마지막으로 티시포네가 말했다.

"누구든 일단 지하 세계에 발을 들이면 이곳에 속하게 된다."

이어 세 여신이 입을 모아 외쳤다.

"영원토록."

두 무단 침입자는 그제야 겁을 먹었는지 서로를 바짝 끌어안

고 오들오들 떨었다.

"음, 이 둘은 지하 세계의 규칙을 몰랐잖아요. 그냥 보내 주세요."

하데스는 최대한 차분한 목소리를 유지하려고 신경 쓰면서 논리적으로 반박했다.

"이 둘이 돌아가면 다른 인간들한테 죽을 날까지 지하 세계에 얼씬도 말라고 경고할 거예요. 그렇지, 얘들아?"

하데스가 눈길을 돌리자 두 소녀는 얼른 고개를 끄덕였다.

분노의 여신은 아이들을 놓아주고 싶지 않지만 결국 공정한 판단을 내리기로 결정한 듯했다.

티시포네가 입을 열었다.

"좋아, 보내 주겠다."

그런데 알렉토가 한마디를 덧붙였다.

"조건이 있다."

메가에라가 조건을 읊었다.

"앞으로 누가 지하 세계에 몰래 들어오면 그때는 무조건 우리가 어떤 벌을 내릴지 결정한다."

하데스가 고개를 끄덕였다.

"약속할게요!"

하데스는 내심 그 조건이 나올 줄 예상하고 있었다. 분노의 여신은 협약을 맺을 때마다 늘 끝에 조건을 덧붙였기 때문이다.

두 인간 소녀가 드디어 분노의 여신의 위협에서 벗어나자 카론이 안전하게 강 건너편으로 데려다주었다. 그사이 하데스는 스틱스 강 멀리까지 나가서 더 이상 침입자들이 들어오지 못하도록 안내판을 곳곳에 세웠다. 안내판에는 이런 경고문이 쓰여 있었다.

영혼이 아닌 자 접근 금지!
지하 세계는 죽어야만 올 수 있는 곳!
한 번 들어오면 절대 못 나감. 주의하시오!

안내판 설치가 끝나자 하데스는 뒤로 멀찍이 물러나 멀리서도 경고문이 잘 보이는지 확인했다. 그러고는 옆에 있던 반야에게 속삭였다.

"이렇게까지 했으니 더 이상 누가 몰래 들어오려 하지 않을 거야. 부디 그러길 바라자."

할 일을 모두 마쳤지만 하데스는 여전히 학교로 돌아가고 싶지 않았다. 이제 수업이 거의 끝날 시간이기도 했다. 결국 하데스는 반야에 올라 지하 세계 깊숙한 곳으로 달려갔다. 혼자 있을 수 있도록 타르타로스의 끝까지 내려갈 작정이었다. 그곳에서는 펄펄 끓는 용암과 '페르세포네가 도대체 왜 그러는 걸까?'라는 음울한 생각만이 조용히 곁을 지켜 줄 테니까.

11
자유로운 기질

금요일 오후, 페르세포네는 아르테미스의 방 침대에 앉아 리라 줄을 튕기고 있었다.

오우우우우우우우!

아르테미스의 사냥개 세 마리가 고개를 하늘로 쳐들고 울부짖었다. 건너편 책상에 앉아 화살촉을 다듬던 아르테미스가 움찔했다.

'아르테미스는 사냥개들이 짖는 소리 때문에 놀란 게 아니야. 내 엉성한 리라 연주 소리 때문에 그런 거지.'

에우리디케가 부추기는 통에 페르세포네는 수요일부터 악기를 배우기 시작했다. 오늘이 금요일인데 페르세포네가 보기엔 실력이 늘기는커녕 도로 나빠지고 있었다.

'아이참, 지난 이틀간 짬이 날 때마다 연습했는데!'

그때 누가 문을 똑똑 두드리더니 아테나가 고개를 쏙 들이밀었다. 아테나는 페르세포네와 눈을 마주치며 물었다.

"나 모르는 사이에 새로 음악 수업을 듣기로 했어?"

페르세포네는 아테나를 향해 빙긋 웃으며 연주하고 있던, 정확히 말하면 연주해 보려고 무진장 노력 중이던 리라를 보관함에 도로 넣었다. 그러고는 장난기 넘치는 목소리로 물었다.

"어때? 내가 앞으로 유명한 록 스타가 될 가능성이 보여?"

"글쎄……."

아테나가 대답을 얼버무렸다.

"음……."

아르테미스도 웅얼대기만 했다.

"농담이야. 나도 내 실력이 엉망이라는 거 알아."

페르세포네는 솔직하게 인정했다.

"난 식물은 뭐든 잘 키우고, 정원 가꾸기도 자신 있지만 음악 쪽으로는 영 아닌 것 같아!"

그러자 아테나가 대답했다.

"모든 걸 다 잘할 수는 없으니까."

아르테미스도 고개를 끄덕였다.

"그래, 난 노래는 조금 하는 편이지만 아폴론하고는 비교가 안 되잖아. 음악적 재능은 아폴론이 다 가지고 갔나 봐. 그 녀석은 아주 타고났다니까."

"하지만 아폴론과 천상천하 멤버들은 연습을 많이 하잖아."

아테나는 페르세포네를 바라보며 말을 이었다.

"너도 악기를 잘 다루기 위해서 그 애들만큼 열심히, 오래 연습할 마음 있어?"

페르세포네가 대답하기 전에 아르테미스가 먼저 농담을 던졌다.

"오, 페르세포네. 부디 안 했으면 좋겠다. 네가 계속 연습하면 내 사냥개들 귀가 남아날지 모르겠어."

페르세포네는 까르르 웃음을 터뜨렸다.

"걱정 마. 그냥 뭔가 새로운 걸 시도해 보고 싶었어. 한결같다는 틀을 깨어 보려고 말이야."

솔직히 하데스에 대해서 신경 쓰지 않으려는 목적도 있었다. 지난 화요일 학교에서 열린 콘서트 이후로 둘은 한 마디도 나누지 않았다.

"어머, 페르세포네. 아직도 독자 투표를 생각하고 있는 거니?"

아테나가 놀란 듯 묻더니 방으로 들어와서 의자에 자리를 잡고 앉았다.

"난 벌써 까마득히 잊어버렸는데."

그러자 아르테미스가 툴툴거렸다.

"페르세포네만 그런 게 아니야. 최고 미남과 최고 음악가로 뽑힌 뒤부터 아레스와 아폴론의 자존심이 두 배로 부풀어 올랐다니까."

아테나가 고개를 끄덕이며 말을 이었다.

"헤라클레스도 최고 장사로 뽑힌 뒤부터 얼마나 우쭐대는지 몰라. 걸어 다니면서 계속 근육 자랑을 한다니까. 하데스는 어때?"

아테나와 아르테미스가 페르세포네를 말똥말똥 쳐다보며 대답을 기다렸다.

"모르겠어."

페르세포네는 솔직하게 대답했다.

"지난 며칠간 서로 한 마디도 안 했거든. 하데스는 에우리디케와 오르페우스가 온 뒤로 내 행동이 마음에 안 든대."

순간 아테나와 아르테미스의 얼굴에 걱정이 어렸다.

아르테미스가 조심스럽게 말을 꺼냈다.

"질투 나서 그런 건지도 몰라. 네가 오르페우스를 좋아한다고 생각하는 게 아닐까?"

그러자 페르세포네는 아르테미스가 붙여 놓은 오르페우스의 그림을 쳐다보며 대답했다.

"오르페우스를 좋아하지 않는 애가 어디 있니?"

페르세포네는 침대에 모로 털썩 드러눕더니 팔베개를 하고 친구들을 바라보았다.

"진짜로 좋아하는 건 아니고, 그냥 연예인으로서 좋아하는 거야. 책을 읽을 때 주인공을 좋아하게 되는 거랑 비슷하다고나 할까? 내 말 무슨 말인지 알지?"

"물론이지."

아테나가 대답하자 아르테미스도 따라서 고개를 끄덕였다.

페르세포네는 다시 이야기를 이었다.

"사실 문제는 다른 데 있어. 하데스는 오르페우스를 질투하는 게 아니라 에우리디케가 나한테 나쁜 영향을 미친다고 생각해. 그래서……."

갑자기 문이 휙 열리더니 아프로디테가 노크도 없이 들어왔다. 아프로디테는 걱정 가득한 눈빛으로 페르세포네를 바라보앉다.

"혹시 우리 고양이가 여기 있니?"

페르세포네가 벌떡 일어나 앉았다.

"아니, 아도니스가 네 방에 없어?"

페르세포네는 주말에 아르테미스 방에 묵기로 하면서 아도니스를 기숙사로 데리고 왔다. 아도니스가 아르테미스의 사냥개들과 잘 지내긴 했지만 수업을 들으러 간 사이에 아무도 없는 방에 네 마리를 같이 남겨두자니 조금 불안한 마음이 들었다. 그래서 페르세포네는 아프로디테에게 아도니스를 맡겨 둔 상황이었다.

"지금 방에서 찾다가 이리로 온 거야."

아프로디테가 하얗게 질려서 대답했다.

"내 방에 없어. 내가 잠깐 나간 사이에 에우리디케가 사료를 챙기고 놀아 주기로 했거든. 수업을 마치고 슈퍼 파워 슈퍼마켓에서 만나 넥타르셰이크를 마시기로 했는데, 아무리 기다려도 안 오는 거야. 너희도 물론 같이 오라고 했지. 에우리디케가 얘기 안 했어?"

페르세포네가 대답했다.

"난 오늘 하루 종일 에우리디케를 본 적이 없어."

페르세포네도 걱정이 몰려왔다.

'이봐, 에우리디케. 혹시 아도니스를 데리고 나간 거라면 잘 보살피고 있는 게 좋을 거야. 아니, 애당초 아도니스를 데리고 나가기 전에 나나 아프로디테한테 허락을 맡았어야 하는 거 아니야?'

"난 봤어."

아르테미스가 친구들에게 말했다.

"한 시간 전쯤 복도에서 어떤 애랑 같이 걸어가던데? 그런데 그 둘은 날 등지고 서 있었고, 난 별 관심 없이 봐서 같이 있던 애가 누구인지는 모르겠어."

아프로디테는 창가로 가서 학교 안뜰을 살폈다.

"아무 데도 안 보여."

아프로디테가 아르테미스를 바라보며 말을 이었다.

"내 방에는 화요일만 묵고, 수요일은 이리스 방에서, 목요일은 아테 방에서 묵었어. 혹시 둘 중 하나랑 같이 있는 걸까?"

페르세포네는 처음 듣는 얘기였다. 이번 주 내내 학교 수업이 끝나면 에우리디케를 포함한 많은 아이가 아프로디테 방에서 늦은 시간까지 놀았다. 그래서 페르세포네는 당연히 에우리디케가 사흘 내내 아프로디테 방에서 묵었을 거라 생각하고 있었다.

'난 에우리디케가 나보다 아프로디테랑 어울리는 걸 더 좋아하는 줄 알았는데. 이제 보니 에우리디케는 내 생각보다 훨씬 더 변덕스럽구나! 자유로운 기질을 타고난 건 좋지만 다른 이의 마음을 상처 주거나 실망시키는 건 별로 좋아 보이지 않아.'

아르테미스가 손가락을 튕기며 말했다.

"아, 같이 있던 애가 아테였던 거 같아! 그런데 둘이 아도니스를 데리고 있었는지는 모르겠어. 에우리디케가 네 밀짚 가방을 들고 있던 건 기억나. 그 무지하게 커다란 꽃이 달린 가방 말이야."

아프로디테가 창문에서 뒤돌아섰다. 얼굴에는 근심이 가득했다.

"내가 가끔 아도니스를 넣어 다니는 가방이야! 아이참. 아도니스를 데리고 나갈 생각을 하다니 정말 마음에 안 들어. 에우리디케는…… 좀 무책임한 것 같아."

아프로디테의 걱정 가득한 모습에 페르세포네는 더욱 불안해졌다.

'아프로디테의 말이 맞아. 에우리디케는 책임감이 부족해.'

"에우리디케와 아도니스가 분명 이 근처 어딘가에 있을 거야.”

아테나가 아프로디테를 다독이며 문으로 향했다.

"애들아, 나가서 찾아보자.”

네 친구는 더 빨리, 더 먼 곳까지 찾아보기 위해 각자 흩어지기로 했다. 아테나는 교실을 돌아보고, 아르테미스는 체육관과 운동장에 가 보기로 했다.

아프로디테와 페르세포네는 여학생 기숙사 방을 확인하고 다녔다. 그때 아테가 복도에 나타났다.

"아, 다행이다. 언니들을 찾았어!”

아테가 숨넘어갈 듯 이야기를 이었다.

"날개 샌들을 신고 에우리디케를 지하 세계에 데려다줬는데 에우리디케가 아직 돌아오지 않았어요. 벌써 한 시간이나 지났는데. 걱정이 돼 어쩌면 좋을지 모르겠어요.”

페르세포네는 소스라치게 놀랐다.

"뭐? 에우리디케는 지하 세계에 가면 안 돼! 그 애는 살아 있는 인간이잖아. 아니 대체 왜……. 잠깐! 아테, 너 설마 그 애한테 지하 세계에 다녀오라고 도전 과제를 준 건 아니지?”

아테는 슬그머니 눈길을 피했다.

"음, 아마 그랬을걸요. 언니 고양이를 데리고 놀다가 진실 혹은 대담 놀이를 하게 되어서……."

아프로디테가 아테의 말을 잘랐다.

"에우리디케가 아도니스를 데리고 갔어?"

아테가 고개를 끄덕였다.

"그런 것 같아요. 언니가 돌봐 달라고 했다던데요."

페르세포네는 아프로디테의 팔을 붙잡았다.

"에우리디케는 인간이라 날개 샌들을 움직이게 할 수 없어. 서둘러, 빨리 뒤쫓아 가야 해!"

아프로디테와 페르세포네는 아래층으로 쏜살같이 내려가 샌들을 휙 벗어 던졌다. 어찌나 서둘렀는지 샌들이 벽에 탕! 팅! 퉁! 통! 부딪히고서 바닥에 나동그라졌다. 둘은 얼른 날개 샌들을 집어 들고 후다닥 밖으로 나갔다.

페르세포네는 날개 샌들을 신으며 뒤따라온 아테에게 소리쳤다.

"아테나와 아르테미스를 찾아서 아프로디테랑 내가 지하 세계에 갔다고 알려 줘. 알았지?"

"알았어요."

그런데 아테가 어째서인지 학교로 다시 들어가지 않고 두 손을 마주 잡은 채 발만 동동 굴렀다.

"언니들, 지하 세계로 가기 전에 꼭 들어야 할 이야기가 있어요. 그런데 제 잘못은 아니에요!"

페르세포네는 불안해서 숨이 멎을 듯했다. 도대체 무슨 말을 할지 두려웠다. 페르세포네가 벌떡 일어서자 샌들이 붕 떠오르며 날갯짓을 했다. 페르세포네는 아테의 팔을 붙잡고 얼굴을 찬찬히 살폈다.

"설마 에우리디케한테 지하 세계에 들어가는 것보다 더 어리석은 짓을 시킨 건 아니겠지? 제발 아니라고 해 줘."

마침 밖으로 나오던 오르페우스가 페르세포네의 말을 듣고 펄쩍 뛰었다.

"뭐? 에우리디케가 지하 세계에 있다고?"

오르페우스가 나타나자 아테는 한층 더 불안해했다.

"그러니까, 제가 제안이랄까 도전이랄까 하여간 금단의 들판에서 춤을 춰 보라고 했어요."

아테가 마지못해 사실을 털어놓았다.

"농담이었어요. 그 말을 진지하게 받아들일 거라고는 상상도 못했단 말이에요!"

"너 제정신이야?"

오르페우스가 버럭 소리를 질렀다.

"그 들판에는 독사가 살고 있단 말이야! 하데스가 직접 말해 줬어."

오르페우스는 들고 있던 리라를 부서질 정도로 세게 움켜쥐었다.

아테가 놀라며 두 손으로 얼굴을 감쌌다.

"어머! 난 몰랐어요. 정말 미안해요."

아프로디테가 나섰다.

"이제 와서 미안하다고 해 봐야 아무 도움이 되지 않아. 아, 에우리디케가 아도니스를 그곳에 데려가지 않았기만 바랄 뿐이야."

아프로디테는 너무 화가 나서 인상을 마구 찌푸렸다. 평소라면 주름이 생길까 봐 절대로 짓지 않는 표정이었다.

"어서 움직이자."

페르세포네가 아프로디테를 재촉했다.

"잠깐만 기다려 줘."

오르페우스가 말했다. 오르페우스는 어느새 날개 샌들을 들고나와 함께 지하 세계로 가겠다고 고집을 피웠다.

"넌 지하 세계에 들어갈 수 없어. 너도 살아 있는 인간이잖아."

페르세포네의 말에 오르페우스가 더욱 간절하게 매달렸다.

"그럼 갈 수 있는 곳까지만 데려다 줘. 에우리디케가 무사한지 확인되는 대로 곧장 소식을 듣고 싶어서 그래."

페르세포네와 아프로디테는 결국 오르페우스가 샌들을 신을 때까지 기다려 주었다. 그사이 아테는 자신이 일으킨 문제를 직접 처리하지 않아도 된다는 것에 마음이 놓였는지 슬금슬금 도망가 버렸다.

이윽고 페르세포네와 아프로디테는 오르페우스를 가운데 세우고 각각 한 손씩 맞잡았다. 셋은 올림포스 학교를 바람처럼 빠져나와 숲을 헤치고 인간 세상으로 내려갔다.

스틱스 강 가까이에 도착했을 때, 페르세포네는 처음 보는 안내판이 인간 세상 방향으로 주르르 세워져 있는 걸 발견했다. 무단 침입을 하지 말라는 경고문이었다. 에우리디케는 그 경고문도 무시하고 지나간 모양이었다.

다음 순간 페르세포네는 화들짝 놀랐다.

'어머, 하데스가 여기 있네!'

하데스는 경고문을 세워 놓았는데도 여전히 강변을 어슬렁대는 인간 여자아이들과 입씨름 중이었다. 페르세포네, 아프로디테, 오르페우스는 하데스 곁에 내려서자마자 걱정 가득한 목소리로 앞 다투어 질문을 던졌다.

"혹시 에우리디케 봤어? 아도니스는? 봤어? 못 봤어?"

하데스가 고개를 가로저었다. 페르세포네는 에우리디케가 무슨 일을 벌였는지 최대한 간결하게 설명했다.

"오, 신이시여!"

하데스는 기가 막혀서 어쩔 줄 몰랐다.

"빨리 에우리디케를 찾아야 해!"

오르페우스가 애타게 말했다. 표정을 보니 오르페우스도 페르세포네만큼 속상한 듯했다.

하데스가 삐이익 휘파람을 불어 전차를 호출했다. 페르세포네와 아프로디테가 전차에 올라서자 오르페우스도 따라 타려 했다.

"미안하지만 넌 갈 수 없어."

하데스가 앞을 막아서자 오르페우스가 발끈했다.

"하지만……."

페르세포네가 설명했다.

"네가 진심으로 걱정하고 있다는 거 알아. 하지만 넌 여기서 기다려야 해. 아까 말했잖아, 살아 있는 인간은 지하 세계에 들어갈 수 없어."

아프로디테도 오르페우스를 달랬다.

"에우리디케를 찾기 위해 할 수 있는 모든 걸 다 할게. 약속해."

오르페우스는 초조한지 마른침을 꼴깍 삼키고는 마지못해 대답했다.

"알았어."

결국 오르페우스는 강둑에 남아 리라를 꼭 붙든 채 불멸의 존재들이 강 너머로 날아가는 모습을 지켜보았다.

잠시 후 하데스의 전차가 지하 세계의 경계를 넘었다. 멀리 발아래에서는 영혼들이 케르베로스 앞을 지나 줄을 선 채 자기 심판 순서를 기다리는 모습이 보였다. 하데스는 멈추지 않고 계속 전차를 몰았다. 일행은 곧 금단의 들판에 도착했다.

"저기 에우리디케가 있어."

페르세포네가 아래를 가리켰다. 에우리디케가 만사태평한 얼굴을 하고 들판을 빙글빙글 돌고 있었다. 페르세포네는 에우리디케의 한쪽 어깨에 아프로디테의 가방이 있는 걸 확인했다.

'아, 에우리디케가 아도니스를 안고 있구나!'

하데스가 멋진 운전 솜씨를 발휘해 전차를 에우리디케 쪽으로 하강시켰다. 에우리디케는 페르세포네 일행을 보자 반갑게 손을 흔들었다. 지금 자신이 얼마나 위험한 상황에 처했는지 전혀 모르는 것 같았다. 아프로디테와 페르세포네는 한 손으로 전차를 붙잡고 최대한 밖으로 몸을 내밀어 에우리디케를 향해 나머지 손을 뻗었다.

"잡아!"

페르세포네가 에우리디케를 향해 소리를 질렀다. 아프로디테도 애타게 소리쳤다.

"아도니스 떨어뜨리지 마!"

에우리디케가 알겠다는 듯이 방실방실 웃으며 고개를 끄덕이더니, 아도니스를 밀짚 가방에 넣었다.

휘이이잉!

하데스의 전차가 에우리디케의 머리 위를 스쳐 지났다. 하지만 에우리디케는 아도니스를 가방에 넣느라 바빠서 제때 손을 내밀지 못했다. 그러자 기다렸다는 듯이 방울뱀 떼가 에우리디케 구출 작전을 방해하고 나섰다. 전차가 둥글게 방향을 트는 사이, 들판에서 딸칵딸칵 하고 경계 신호가 울렸다.

"꺅, 뱀이야!"

에우리디케는 놀라서 몸을 뒤로 휙 빼며 비명을 질렀다. 이제야 자신이 어떤 위험에 처했는지 깨달은 모양이었다. 방울뱀들이 꼬리를 흔들고 혀를 날름거리며 에우리디케를 향해 미끄러져 갔다.

"도와줘!"

에우리디케가 마구 소리를 지르며 두 팔을 높이 들어 올렸다. 아도니스가 든 가방이 정신없이 흔들렸다. 페르세포네는 안타까운 마음에 하데스를 재촉했다.

"서둘러야 해!"

하데스는 이미 전차를 하강시키며 다시 에우리디케에게 다가가려 했다. 딸칵거리는 소리가 점점 커졌다. 방울뱀들이 겁을 잔뜩 먹은 에우리디케를 둘러싸고서 날카로운 송곳니를 드러내며 공격 준비를 했다.

휘이이잉!

에우리디케에게 다가가느라 전차가 위험할 정도로 기울어졌다. 페르세포네와 아프로디테는 에우리디케를 향해 죽기 살기로 손을 뻗었다. 둘이 각각 한 손씩 에우리디케의 손을 잡은 순간, 방울뱀들이 달려들었다!

다행히 뱀은 허탕을 쳤고, 에우리디케는 무사히 구출되었다.

페르세포네와 아프로디테는 있는 힘을 다해서 에우리디케를 끌어올렸다. 다행히 아도니스가 든 가방도 안전했다. 세 아이는 전차 바닥에 철퍼덕 주저앉아 서로의 얼굴을 바라보며 안도의 한숨을 쉬었다.

"어이, 너희 괜찮아?"

하데스가 금단의 들판 밖으로 전차를 몰며 소리쳐 물었다.

"응."

셋이 숨을 고르며 입을 모아 대답했다.

아프로디테는 에우리디케한테서 가방을 건네받고 아도니스가 무사한지 확인했다.

"넌 어때? 우리 귀염둥이, 다친 데 없지?"

아프로디테는 아도니스의 윤기 흐르는 털을 가만가만 쓰다듬었다. 페르세포네도 가까이 다가가 아도니스를 쓰다듬었다.

"우리가 얼마나 걱정했는지 아니?"

페르세포네는 아도니스의 발을 살며시 감싸 쥐었다. 아도니스는 턱시도를 입은 듯 온몸이 까만데, 목둘레와 발만 지하 세계에 피는 아스포델처럼 새하얗다.

"어, 얘들아. 혹시 궁금할까 봐 얘기하는 건데 나도 무사하거든?"

에우리디케는 아무도 자신에게 관심을 보이지 않자 기분이 상한 듯했다.

"어떻게 카론의 눈에 띄지 않고 지하 세계에 들어간 거야?"

하데스가 따져 묻자 에우리디케는 별일 아니라는 듯 어깨를 들썩였다.

"투명 마법 약을 썼거든."

에우리디케는 페르세포네에게 눈길을 돌리며 말을 이었다.

"주술학 수업 시간에 배웠잖아. 너도 기억나지? 오늘 아도니스를 데리고 놀다가 아프로디테의 선반에서 그 약을 발견했어. 아테가 지하 세계에 가자고 도전했을 때 그 약을 즉석에서 빌렸지 뭐. 지하 세계에 들어서자마자 약을 몸에 뿌렸어. 내가 몰래 사라져 버렸다고 아테가 화냈어? 뭐 별 문제없었잖아. 안 그래?"

그 말을 들은 페르세포네와 아프로디테 그리고 하데스는 에우리디케를 노려보았다.

"별 문제없었다고? 앞으로 어떤 문제가 기다리고 있을지 아무도 몰라. 무사히 돌아가려면 엄청난 행운이 필요할 거야."

"어휴, 우울 씨. 기분 풀어요."

에우리디케가 농담을 걸었다. 생글생글 웃는 모습을 보니 자신이 얼마나 큰 말썽을 일으켰는지, 아직도 얼마나 큰 위험에 빠져 있는지 전혀 신경 쓰지 않는 듯했다.

"잠깐만."

에우리디케가 갑자기 자세를 똑바로 고쳐 앉더니, 나머지 아이는 도무지 상상도 못할 생각에 잠겼다. 이어 에우리디케는 노랫가락을 짧게 흥얼거리다가 전차를 휘휘 둘러보며 뭔가를 찾았다.

"지금 이 탈출 작전 덕분에 굉장한 생각이 떠올랐어! 잊어버리기 전에 얼른 가사를 써 둬야 해. 다음 콘서트 때 이 노래를 불러야지! 혹시 여기에 파피루스 한 장 있니?"

"조용히 해."

하데스가 나지막이 경고했다.

"이러다 그들이 네 목소리를 듣겠어."

"그들?"

에우리디케가 되물었다.

그 순간 어디선가 낯선 웃음소리가 들렸다. 페르세포네는 무슨 소리인가 싶어 전차 밖으로 고개를 살짝 내밀었다. 아프로디테와 에우리디케도 전차 밖을 내다보았다. 스틱스 강을 향해 달려가는 전차 뒤를 누군가 바짝 따라오고 있었다. 자세히 보니 한 명이 아니라 세 명이었다! 페르세포네는 점점 가까이 다가오는 그들의 얼굴을 알아보았다.

'오, 맙소사! 분노의 여신들이잖아!'

"엎드려!"

하데스가 얼른 지시를 내렸지만 에우리디케는 말을 들으려 하지 않았다.

마지막 기회가 그렇게 허망하게 날아갔다. 이내 분노의 여신들이 에우리디케를 발견했다.

"저 분홍 머리 계집애는 누구냐?"

세 여신 중 하나가 물었다.

"잘됐군, 아주 잘됐어."

페르세포네는 하데스가 나직이 중얼거리는 소리를 들었다.

직접 만난 적은 없지만, 페르세포네는 세 여신의 이름을 다 알고 있었다. 평소 하데스가 세 여신이 지하 세계에서 얼마나 강력한 힘을 가졌는지, 공정성 문제를 두고 얼마나 까다롭게 구는지에 대해 자주 이야기했기 때문이다. 특히 지하 세계에 들어온 영혼, 아니 그보다 살아 있으면서 지하 세계에 발을 들인 인간에 대해서는 한 치의 용납도 없다는 얘기가 기억에 또렷

이 남아 있었다.

어느새 분노의 여신들은 전차 옆에서 나란히 날며 에우리디케를 수상쩍게 바라보았다.

에우리디케는 여전히 상황을 알아차리지 못하고 분노의 여신들을 향해 환하게 웃으며 말을 걸었다.

"안녕하세요? 혹시 파피루스 한 장 가지고 계세요?"

"넌 누구냐?"

메가에라가 다그쳐 물었다.

"저요? 어머, 저 꽤나 유명한데. 혹시 에우리디케라는 이름 못 들어봤어요? 파피루스 한 장 주면 사인해 줄게요. 아, 펜도 있어야겠구나."

에우리디케는 기대에 찬 눈으로 메가에라를 바라보았다. 보다 못한 페르세포네가 경고했다.

"조용히 해. 넌 지금 상황을 더 어렵게 만들고 있어."

"상황? 무슨 상황?"

에우리디케는 아직도 자신이 얼마나 큰 위험에 빠졌는지 모르는 것 같았다.

티시포네가 에우리디케를 위아래로 훑어보더니 말했다.

"아무리 봐도 살아 있는 인간처럼 보이는데?"

"맞아요."

페르세포네가 얼른 에우리디케의 입을 틀어막으려 했지만 이미 때가 늦었다.

"난 팔팔하게 살아 있어요."

"아하!"

세 여신이 동시에 뼈만 앙상한 손을 들어 에우리디케를 가리켰다. 그러자 에우리디케는 고개를 갸웃하며 물었다.

"어, 그럼 종이가 없다는 거죠?"

그 순간 알렉토와 메가에라가 에우리디케를 향해 손을 뻗었다. 그제야 에우리디케는 겁을 먹었는지 눈을 휘둥그레 뜨고 뒤로 화들짝 물러났다. 페르세포네와 아프로디테는 본능적으로 에우리디케 곁에 다가섰다. 그러나 둘 다 현실을 잘 알고 있었다. 누구도 분노의 여신의 심판을 방해할 수 없었다.

스틱스 강까지는 아직 400미터 정도 남아 있었다. 티시포네가 하데스를 쳐다보며 말했다.

"인간 무단 침입자는 지하 세계에 남아야 한다. 하데스, 우리 협약을 기억하느냐?"

하데스는 고개를 끄덕이더니 고삐를 잡아당겨 전차의 속도를 늦추었다.

"에우리디케, 안됐지만 티시포네 여신님 말이 맞아."

하데스는 무거운 눈빛으로 에우리디케를 바라보았다.

"지하 세계에 발을 들인 인간은 영원히 이곳에 남아야 해. 내 경고문을 읽었다면 너도 그 사실을 알고 있겠지?"

에우리디케가 눈을 휘둥그레 떴다.

"며칠 전에는 두 여자아이를 인간 세상으로 돌려보내 줬다며."

하데스는 한 손으로 고삐를 잡은 채 다른 손으로 머리를 쓸어 넘겼다. 속이 타는 모양이었다.

"그 여자아이들을 풀어 주기 위해서 저 분들을 정말 힘들게 설득했어. 그리고 이제 한 명이라도 무단 침입을 하면 규칙대로 벌을 받게 하겠다고 약속했지."

에우리디케는 물러서려 하지 않았다.

"그럼 페르세포네와 아프로디테는? 저 애들은 마음대로 오가잖아."

아프로디테가 하데스 대신 설명했다.

"우린 불멸의 존재잖아. 인간처럼 수명이 있는 게 아니라서 그래."

에우리디케는 애처로운 눈으로 페르세포네를 바라보았다.

"난 여기 머물 수 없어. 다음 주에 콘서트가 있단 말이야."

페르세포네는 하데스를 간절하게 바라보았다.

"어떻게 할 방법이 없는 거니?"

"지하 세계의 규칙을 또 어길 순 없어."

하데스는 딱 잘라 거절했다.

"난 분노의 여신들과 분명히 약속했어. 또 말을 뒤집으면 지하 세계에서 내 권위가 흔들리게 될 거야. 모두들 규칙을 어겨도 된다고 생각하겠지. 못된 영혼들이 몰래 엘리시온 언덕에 숨어들려고 하거나 지하 세계에서 도망치려 할지도 몰라!"

하데스와 페르세포네, 아프로디테는 분노의 여신들이 에우리디케를 전차에서 끌어내는 모습을 하릴없이 지켜봐야 했다.

알렉토가 낄낄거리며 외쳤다.

"자, 이제 넌 우리 거다!"

그러나 순순히 끌려갈 에우리디케가 아니었다.

"저리 가, 이 할망구들!"

에우리디케는 분노의 여신들에게 되레 명령을 내리며 손길을 거칠게 뿌리쳤다.

"난 여기 머물지 않을 거야. 여긴 완전 칙칙해."

그러자 알렉토, 티시포네, 메가에라가 기겁했다. 감히 분노의 여신에게 무례하게 나오는 상대를 본 적이 없기 때문이다. 한편 저 아래 들판에선 영혼들이 에우리디케를 존경의 눈빛으로 바라보고 있었다. 지금까지 그 어떤 영혼도 그렇게 대담하게 반항한 적이 없었다.

페르세포네는 입술을 지그시 깨물었다.

'아, 부디 영혼들이 에우리케를 따라 하지 말아야 할 텐데. 이러다 반란이라도 일어나면 하데스는 어떻게 해!'

에우리디케가 악을 썼다.

"내가 콘서트 장에 안 나타나면 온 세상이 '분노'에 사로잡힐 걸요? 제우스 교장 선생님도 펄펄 뛸 거예요. 오르페우스와 내 노래를 얼마나 좋아하는데요!"

말은 거칠게 해도 에우리디케의 목소리는 떨리고 있었다. 에우리디케는 그제야 두려워하는 것 같았다.

"오르페우스는 또 누구냐?"

알렉토가 물었다. 그 순간 에우리디케가 몸부림치며 분노의 여신들의 손아귀에서 빠져나왔다.

순간, 날개 샌들을 처음 신었던 날처럼 에우리디케가 갑자기 아래로 떨어졌다. 그러나 이번에는 손을 잡아 줄 페르세포네가 곁에 없었다!

12
규칙은 규칙

"꽉 잡아!"

하데스가 페르세포네와 아프로디테에게 소리쳤다. 하데스는 에우리디케를 구하기 위해서 전차를 급히 하강시켰다. 하데스의 흑마들이 다이빙 하듯 아래로 풀쩍 뛰어내려 떨어지는 에우리디케 바로 밑에 전차를 갖다 댔다.

쿵!

에우리디케가 전차에 무사히 내려앉자, 하데스는 안도의 한숨을 내쉬었다.

전차가 아스포델이 가득 핀 들판에 내려서자 모두 우르르 전차에서 쏟아져 나왔다.

멀리 카론의 배가 스틱스 강을 지나 지하 세계 쪽 선착장에 도착했다. 아프로디테가 우물우물 말을 꺼냈다.

"서두르면 배가 다시 떠나기 전에 선착장에 도착할 수 있을 것 같아. 난 먼저 아도니스를 집에 데려갈게. 그쪽이 더 안전할 거 같아. 괜찮지?"

아프로디테는 분노의 여신 쪽을 조심스럽게 쳐다보았다. 깐깐한 세 여신이 살아 있는 고양이도 지하 세계에 붙잡아 놓겠다고 나설까 봐 걱정스러운 듯했다.

"좋은 생각이야."

페르세포네는 아프로디테에게 어서 가 보라며 아도니스를 마지막으로 한 번 더 쓰다듬어 주었다.

이윽고 아프로디테가 아도니스를 넣은 가방을 가슴에 꼭 끌어안고 카론의 배를 향해 쏜살같이 떠났다.

그런데 난데없는 음악 소리가 아스라이 들려왔다. 분명 리라 소리였다. 분노의 여신들은 귀가 솔깃한 모양이었다.

"이게 무슨 소리냐?"

알렉토가 중얼거렸다.

"저 소리는 분명히 올피예요! 오르페우스가 온 거라고요!"

에우리디케가 분노의 여신들에게 소리쳤다.

"내가 얘기했던 가수 말이에요. 여기 어디선가 리라를 켜고 있는 게 분명해요. 하지만 소리를 들어 보니 꽤 먼 곳에 있는 것 같아요."

에우리디케가 목을 죽 빼고 오르페우스를 찾자 하데스가 말했다.

"우린 오르페우스를 강 건너편에 남겨 놓고 왔어."

분노의 여신을 주시하고 있던 하데스는 세 자매가 오르페우스의 음악에 흠뻑 빠졌다는 걸 알아차렸다. 오르페우스의 음악은 동물, 인간, 불멸의 존재를 가리지 않는 강력한 힘을 가졌다. 분노의 여신들은 하데스 일행과 몇 걸음 떨어진 곳에 내려 천천히 음악에 맞추어 몸을 흔들었다. 험상궂은 인상이 펴지고, 얼굴에는 꿈꾸는 듯한 아득한 표정이 어렸다. 잠시 후 처음 난데없이 울려 퍼졌을 때처럼 갑작스레 음악이 뚝 끊어졌다.

"제발 계속 연주하라고 해라."

메가에라가 간절히 부탁했다.

"이리 가까이 오라고 해라."

티시포네가 애걸했다.

"그래! 음악을 더 듣고 싶다."

그때 하데스가 기가 막힌 생각을 번쩍 떠올렸다.

"이렇게 하죠!"

하데스가 제안했다.

"에우리디케를 보내 준다는 데 동의하면 오르페우스를 여기 데려와서 세 여신님만을 위한 노래를 몇 곡 부르라고 할게요."

그러자 에우리디케가 기겁했다.

"그럼 오르페우스도 영원히 여기 남아야 하는 거 아니야?"

하데스는 에우리디케를 안심시켰다.

"내 전차에 태워 올 거야. 전차에서 내려 땅을 밟지만 않는다면 괜찮아. 엄밀히 따졌을 때 지하 세계에 '발을 들인' 건 아니니까."

"아, 그럼 규칙을 어기는 건 아니겠구나!"

페르세포네는 하데스의 교묘한 논리에 감탄했다. 하데스는 페르세포네를 향해 싱긋 웃었다.

"글쎄, 모르겠다."

알렉토가 미심쩍어 하자, 티시포네가 나섰다.

"음악이 참으로 달콤하군. 암브로시아푸딩을 먹는 것처럼 귀에 살살 녹는구나."

메가에라도 한마디 했다.

"그 보다는 넥타르셰이크 같다고."

하데스는 세 여신을 은근히 부추겼다.

"기회는 단 한 번뿐! 분노의 여신을 위한 오르페우스의 단독 콘서트!"

하데스는 두 팔을 활짝 펴며 세 여신의 상상을 자극했다. 마치 앞에 커다란 공연 안내 현수막이 걸려 있고 횃불이 환히 비추는 것 같았다.

티시포네가 잔뜩 흥분해서 말했다.

"자매들이여, 이야기 좀 나눠 보자."

세 분노의 여신들이 머리를 맞대고 쑥덕쑥덕하더니 결정을 내렸다.

"좋다!"

알렉토가 말을 꺼냈다.

"오르페우스를 이리 데려와라. 우리를 위해서 연주하면 에우리디케를 돌려보내 주겠다. 단 조건이 있다."

"어떤 조건이요?"

하데스는 부디 불가능한 조건이 아니기를 간절히 빌었다.

"콘서트가 먼저다. 조건은 나중에 밝힌다."

하데스가 고개를 끄덕였다.

"좋아요. 협상을 받아들이죠."

그러자 에우리디케가 나섰다.

"뭐라고? 저 할머니들이 지금 사기를 치고 있잖아! 우리도 조건을 알아야 공정한지 아닌지 따져 볼 거 아냐."

대번에 분노의 여신들이 발끈했다. 메가에라는 기가 찬다는 듯 콧방귀를 끼며 말했다.

"우리는 항상 공평하고 공정하다!"

하데스는 얼른 에우리디케에게 조용히 하라는 눈빛을 날렸다. 페르세포네가 낮은 목소리로 에우리디케에게 일렀다.

"분노의 여신은 늘 협상할 때 조건을 걸어. 받아들이기 싫으면 치우라는 식이야. 따져 봐야 아무 소용없어."

에우리디케의 얼굴에 여전히 불만이 가득했다. 그러나 다행히 더 이상의 군말은 하지 않았다.

하데스가 페르세포네를 불렀다.

"분노의 여신들이 마음을 바꾸기 전에 얼른 가자."

하데스와 페르세포네는 금방 돌아오겠다고 에우리디케를 안심시키고 서둘러 스틱스 강 너머로 전차를 몰았다. 둘은 오르페우스를 만나서 사정을 설명했다.

"당연히 가야지!"

오르페우스가 요란을 떨며 소리쳤다.

"나의 뮤즈를 구해야 하지 않겠어?"

하데스와 페르세포네는 오르페우스를 태우고 다시 강을 건너왔다. 오르페우스는 에우리디케가 보이자마자 손으로 입맞춤을 날려 보내는 시늉을 했다.

"조금만 기다려. 여기서 빼내 줄게."

곧바로 오르페우스는 황금 리라를 뜯으며 턱을 살짝 치켜들고 노래를 불렀다. 아름다운 노랫소리가 아스포델 들판에 퍼져 나갔다.

그사이 하데스는 흑마의 고삐를 단단히 잡고 전차를 땅에서 60센티미터 정도 높이에 띄운 채 분노의 여신과 에우리디케 주위를 천천히 돌았다.

들판에 있던 영혼들이 하던 일을 멈추고 노랫소리에 귀를 기울였다. 영혼들의 얼굴에 미소가 서서히 퍼졌다. 사실 미소치고는 꽤 섬뜩해 보였지만, 아마 침울한 영혼으로서는 최대한 웃고 있는 듯했다.

한편 분노의 여신들은 웃고만 있는 게 아니라 아예 춤까지 추고 있었다!

하데스는 속으로 중얼거렸다.

'음, 저 괴상한 몸짓이 아마 춤 맞겠지?'

날개를 파닥이듯 두 팔을 휘젓기도 하고, 토끼춤을 추듯 깡충거리기도 했다.

'춤 실력이 헤라 님한테 춤을 배우기 전의 교장 선생님과 막상막하인걸!'

그때 작고 하얀 손이 하데스의 손을 살포시 잡았다. 페르세포네였다. 하데스는 고개를 돌려 페르세포네와 눈을 마주쳤다. 이어 둘은 손을 꼭 잡고 빙그레 웃으며 분노의 여신이 선보이는 춤과 이 기묘한 경험을 만끽했다.

오르페우스가 세 번째 노래를 마치자, 하데스는 페르세포네의 손을 놓고 공연을 멈추라는 신호를 보냈다. 그러고는 분노의 여신들에게 소리쳤다.

"이제 약속을 지킬 때가 되었어요."

"아싸!"

오르페우스가 기뻐서 소리를 질렀다.

"한 곡만 더 불러라!"

알렉토가 떼를 쓰자 티시포네가 혀를 끌끌 찼다.

"그건 공평하고 공정하지 않다."

메가에라도 고개를 끄덕였다.

"맞다. 하데스는 '몇 곡' 부르게 하겠다고 약속했다. 그럴 때

는 보통 세 곡 정도 생각하기 마련이다."

"아, 그만, 그만. 알았다."

알렉토는 하데스를 향해 고개를 돌리고 소리쳤다.

"무단 침입자를 풀어 주는 데 대한 우리 조건은……."

오르페우스가 하데스를 휙 쳐다보며 물었다.

"조건? 무슨 조건? 그런 말은 없었잖아! 왜 그냥 데리고……."

하데스는 얼른 오르페우스의 말을 막으며 설명했다.

"분노의 여신들은 늘 조건을 달아. 어떤 조건인지 모르지만 우린 반드시 이루어 낼 거야."

하데스가 설명하는 사이 페르세포네가 분노의 여신들을 향해 소리쳤다.

"조건이 뭔데요?"

티시포네가 대답했다.

"너희 셋은 전차를 타고 당장 인간 세상으로 떠나야 한다. 하지만 이 에우리디케란 이름을 가진 자는 걸어서 돌아가야 한다. 누구도 이 자가 무사한지 고개를 돌리고 확인해서는 안 된다. 고개를 돌리는 순간 협약은 깨지고, 이 자는 영원히 지하 세계에 남게 될 것이다."

세 분노의 여신은 싫으면 관두라는 듯 팔짱을 턱 꼈다.

"알았어요! 그렇게 할게요."

오르페우스가 반발하려 하자 페르세포네가 팔꿈치로 쿡 찌르며 조용히 하라는 신호를 보냈다.

"난 저 할머니들 못 믿겠어."

오르페우스가 나직이 투덜거렸다.

"걱정 마. 약속은 지키는 분들이야. 공정성을 지키는 게 저분들 일이니까."

하데스는 열심히 오르페우스를 다독였다.

"자, 분노의 여신들이 마음을 바꾸기 전에 어서 출발하자."

하데스는 고삐를 살짝 잡아당겨 전차 방향을 바꾸고, 400미터 정도 떨어진 선착장으로 향했다. 거기서 에우리디케는 카론의 배를 타고 스틱스 강을 건너 지하 세계를 빠져나가야 했다. 하데스는 에우리디케가 쫓아올 수 있도록 전차를 아주 천천히 몰았다.

하데스 일행은 고개를 돌리지 않기 위해 조심했다. 이따금씩 오르페우스가 에우리디케의 안부를 소리쳐 물었다.

"디키, 잘 따라오고 있어?"

"응, 올피. 나 바로 뒤에 있어."

에우리디케가 걸어야 했기 때문에 진도가 더뎠다. 마치 시간이 멈춘 듯했다. 그러나 마침내 선착장이 하데스의 눈에 들어왔다. 때를 맞추어 카론의 배가 도착하고 있었다.

"디키, 이제 거의 다 왔어!"

오르페우스가 소리쳤다. 그런데 에우리디케의 대답이 들리지 않았다.

"디키?"

오르페우스가 다시 걱정스레 물었지만, 여전히 침묵만이 뒤따랐다.

다음 순간, 오르페우스가 그만 약속을 잊고 고개를 돌렸다.

"안 돼!"

페르세포네가 놀라 비명을 질렀다. 그러나 이미 엎질러진 물이었다.

하데스도 이제는 어쩔 수 없다는 걸 알고 고개를 돌려 상황을 파악했다. 늘 제멋대로인 에우리디케가 아스포델을 꺾느라 허리를 숙이고 있었다.

곧바로 분노의 여신들이 날아왔다. 하데스 일행은 세 여신이 에우리디케를 붙잡아 가는 광경을 참담한 심정으로 지켜볼 수밖에 없었다.

분노의 여신들이 입을 모아 소리쳤다.

"에우리디케라는 이름을 가진 자, 영원토록 지하 세계에 남으리라!"

"올피!"

에우리디케가 두려움에 떨며 소리쳤다. 그러나 아무도 에우리디케를 구할 수가 없었다.

하데스 일행은 슬픔에 잠겨 올림포스 학교로 돌아갔다. 하데

스는 전차를 지하 세계로 돌려보낸 뒤 페르세포네, 오르페우스와 함께 교장실로 갔다. 이 끔찍한 사건을 제우스에게 알려야 했다.

   제우스는 두 손에 턱을 고이고서 생각에 잠긴 채 아이들의 이야기를 들었다.

   하데스가 차분하게 사건을 설명했다.

"그래서 분노의 여신들이 내건 조건을 받아들이고 뒤돌아보지 않겠다고 약속했지요. 하지만 오르페우스가 고개를 돌리는 바람에 그만 일이 틀어지고 말았어요."

"전 에우리디케가 너무 걱정됐어요. 지금도 걱정이고요. 지하 세계는 너무 끔찍한 곳이에요. 이제 에우리디케한테 어떤 일이 일어나게 되는 건가요?"

하데스가 제우스 대신 대답했다.

"에우리디케는 엘리시온 언덕으로 보내질 거야. 거긴 아름다운 곳이야. 영혼들은 거기서 영원토록 잔치를 벌이고 노래를 부르며 즐겁게……."

"그만!"

제우스가 하데스의 말을 잘랐다.

"이 문제는 이미 결정 났어. 에우리디케는 지하 세계에 남아야 한다."

그러자 오르페우스가 펄펄 뛰었다.

"설마 농담하시는 거죠? 정말 에우리디케를 거기 남겨 두려는 건 아니시죠? 에우리디케는 영혼이 아니에요! 슈퍼스타라고요!"

솔직히 하데스도 제우스의 판결이 썩 마음에 들지 않았다.

'내 맘에 안 들긴 해도 교장 선생님은 공정한 결정을 내리신 거야.'

제우스는 자기 결정에 대해 누가 이러쿵저러쿵 토를 다는 걸 싫어하는데, 오르페우스가 멋모르고 계속 대들었다. 제우스의 얼굴이 점점 벌겋게 달아오르고, 인상이 찌푸려졌다. 손가락 끝에서 작은 불꽃이 파박 튀고, 손가락부터 손목까지 전기가 찌르르 흘렀다.

보다 못한 페르세포네가 오르페우스의 팔을 잡아끌었다.

"오르페우스, 그만 가자. 그렇게 고집 피워 봐야 도움이 되지 않아."

페르세포네는 오르페우스가 전기 구이가 되기 전에 얼른 교장실 밖으로 끌고 나갔다. 하데스도 뒤를 따랐다.

복도에 나선 순간, 하데스는 파마가 쌩하고 날아가는 걸 목격했다. 날개까지 달게 되자 파마는 그야말로 동에 번쩍, 서에 번쩍 하고 다녔다.

'교장 선생님과 우리 대화를 엿들은 걸까? 음, 저렇게 신이 나서 떠들고 다니는 걸 보면 분명히 엿들었군. 그렇다면 에우리디케가 지하 세계에 갇히게 되었다는 걸 곧 전교생이 알게 되겠구나. 어휴, 잘됐네. 잘됐어.'

오르페우스가 대리석으로 된 긴 의자에 털썩 주저앉더니 연극이라도 하듯 과장된 목소리로 말했다.

"제우스 교장 선생님은 에우리디케가 내 음악적 영감의 근원이라는 걸 전혀 모르시는 것 같아. 에우리디케는 내 행운의 부적이라고."

그 말을 듣고 하데스는 속으로 생각했다.

'나도 페르세포네를 내 행운의 부적으로 여길 때가 있잖아. 오르페우스의 심정은 충분히 이해 돼. 하지만 에우리디케가 처한 상황은 아무리 봐도 희망이 없는걸.'

하데스는 짜증이 나서 호주머니에 두 손을 푹 찔러 넣었다.

페르세포네가 오르페우스를 달래려 했다.

"네 재능은 네 안에 있어. 에우리디케를 구하지 못해도 네 음악은 계속 이어질 거야."

오르페우스가 갑자기 자리에서 벌떡 일어나 말했다.

"아니, 난 이제 절대로 음악을 연주하지도 노래를 부르지도 않겠어."

"절대로?"

하데스가 되물었다. 페르세포네도 당황해서 다그쳐 물었다.

"그럼 콘서트 투어는?"

"다 끝났어. 난 이제 연주 못 해. 에우리디케 없이는 안 돼."

오르페우스가 휙 뒤돌아서더니 터덜터덜 기숙사로 향했다.

하데스와 페르세포네는 충격에 휩싸인 채 멍하니 오르페우스의 뒷모습만 바라보았다.

13
꽃의 힘

"페르세포네, 괜찮아?"

다음 날 아침, 온실에 멍하니 서 있는 페르세포네에게 누군가 말을 걸었다. 고개를 돌리니 아테나와 아프로디테가 문가에 서 있었다. 온실 유리 너머에 아르테미스의 모습도 보였다. 아르테미스는 학교 안뜰을 천방지축으로 돌아다니는 사냥개들을 불러 모으고 있었다.

아테나가 다시 말을 꺼냈다.

"어제 에우리디케와 오르페우스한테 무슨 일이 있었는지 소식 들었어."

아프로디테가 짜증스러운 표정으로 한마디 했다.

"아, 이젠 모든 게 구역질 나려 해."

페르세포네가 황급히 대답했다.

"아, 미안! 아마 스컹크 풀 냄새 때문일 거야. 하데스한테 줄 생일 카드를 만들고 있었는데 문제가 좀……."

아테나가 페르세포네의 말을 자르며 다가왔다.

"아, 맞다! 오늘이 하데스 생일이지. 내 정신 좀 봐. 잊어버리고 있었네."

아프로디테도 뒤따라 온실로 들어왔다.

"요즘 이 난리 법석 때문에 나도 잊어버리고 있었어."

페르세포네는 별일 아니라는 듯 어깨를 들썩였다.

"괜찮아. 하데스는 조용히 지나가고 싶어 할 거야. 게다가 지금은 다들 축하 행사를 할 만한 기분이 아니잖아. 아, 에우리디케 문제가 엉망으로 뒤엉켜 버렸어. 뭔가 매듭을 풀 방법이 있으면 좋을 텐데."

페르세포네는 한숨을 푹 쉬더니 만들고 있던 커다란 카드를 들어 보였다.

"노래 부르는 마법 꽃 카드를 만들어 볼까 해서 여기 와 있었어. 그런데 머릿속이 복잡해서 주문을 잘못 외웠나 봐. 노래 부르는 마법 꽃 카드가 아니라 노래 부르는 스컹크 풀 카드가 되어 버렸지 뭐야."

페르세포네가 카드를 펼치려 하자 친구들이 주춤주춤 뒤로 물러났다.

"걱정 마. 이건 지금 막 새로 만든 거야. 구린내 나는 건 벌써 쓰레기통에 버렸어."

페르세포네가 카드를 쫙 펼치자 커다란 꽃 한 송이가 벌떡 일어나 즐겁게 노래를 불렀다.

오, 해피, 해피, 해피
오늘은 하데스의 날!
오, 해피, 해피, 해피
다 함께 해맑게 웃는 날!

페르세포네는 친구들의 얼굴을 찬찬히 살폈다. 마법 꽃 카드가 아무래도 좀 지나쳤나 싶어 슬쩍 걱정이 들었다.

"너무 호들갑스럽니?"

아테나가 풋! 하고 웃음을 터뜨리며 대답했다.

"아냐, 재미있어!"

"이야! 꽃이 엄청나게 크네. 마음에 들어."

이제 막 들어온 아르테미스도 한마디 했다. 사냥개들은 밖에서 아폴론과 놀고 있었다.

페르세포네가 수줍게 설명했다.

"하데스한테 줄 생일 선물이야. 정확히 말하면 이 꽃은 아니고, 깜짝 선물로 지하 세계에 꽃밭을 만들어 뒀어. 조금 있다가 그리로 가서 하데스에게 보여 줄 거야. 내 때맞춤 주문이 제대로 효과를 발휘해야 하는데. 계획대로라면 오늘 정오에 필 거야. 하데스가 내 선물을 좋아해 주면 좋겠어."

아프로디테가 눈을 반짝이며 나섰다.

"우리도 하데스를 위해 뭔가 특별한 걸 해 보자. 이따가 밤에 파티를 연다든가 말이야."

페르세포네가 고개를 끄덕였다.

"그러면 생일이 더욱……."

페르세포네는 들고 있던 카드를 닫았다가 다시 펼쳤다. 그러자 커다란 꽃이 또 다시 '해피 송'을 불렀다. 페르세포네의 재치에 모두 함께 까르르 웃었다.

웃음이 어느 정도 잦아들자 아테나가 물었다.

"그런데 저건 무슨 꽃이야?"

"킹 프로테아의 변종이야. 킹 프로테아에 몇 가지 변화를 주고 다른 세 종류의 씨앗과 섞어 만들었어. 그렇지 않아도 새로 이름을 지어 줘야 하는데."

페르세포네는 친구들을 바라보며 물었다.

"혹시 좋은 생각 있어?"

아테나가 손가락으로 볼을 톡톡 두드리며 생각하더니 이내 말했다.

"하데스 하이브리드는 어때?"

페르세포네는 고개를 가로저었다.

"좋은 생각인데, 뭐랄까, 꽃 이름보다는 과학 용어 같이 들려."

"우울리아라고 부르면 어때?"

아르테미스의 아이디어에 나머지 친구들이 그게 무슨 말도 안 되는 소리냐는 표정을 지었다.

"어차피 지하 세계에 심을 거 아니야? 지하 세계가 우울한 곳이란 건 모두가 아는 사실이잖아."

페르세포네는 세련된 방식으로 거절했다.

"그 이름도 고려해 볼게. 고마워."

이어 페르세포네는 직접 만든 봉투에 카드를 집어넣고, 카드 앞면에 하데스의 이름을 조심스럽게 썼다.

한참 생각하고 있던 아프로디테가 말을 꺼냈다.

"영원한 친구는 어때?"

아프로디테는 곧바로 머리를 절레절레 흔들며 덧붙였다.

"아냐, 아닌 거 같아. 어쩐지 에우리디케가 생각나잖아."

"그게 무슨 뜻이야?"

페르세포네가 물었다. 그 순간 나비 한 마리가 팔랑팔랑 날아와서 페르세포네의 깃털 펜 끝에 잠시 앉았다가 떠났다.

아프로디테가 대답했다.

"음, 에우리디케는 함께 있을 때면 영원한 친구로 지낼 것처럼 굴다가 눈에 안 보이면 나에 대해선 아예 기억도 못하니까."

페르세포네가 벌떡 일어나며 대답했다.

"무슨 말인지 난 알 것 같아!"

페르세포네는 깃털 펜을 들고 이 꽃 저 꽃 사이를 날아다니고 있는 나비를 가리켰다.

"에우리디케는 저기 저 나비 같아. 늘 다른 꽃에 정신이 팔려서 새로운 꽃과 어울리려고 휙 날아가 버리잖아. 그러고는 또 그 꽃이 지겨워져서 다시 옮겨 가고. 에우리디케는……."

"한결같은 면이 없지?"

아테나가 페르세포네 대신 말을 맺자, 페르세포네가 깃털 펜으로 아테나를 가리키며 대답했다.

"바로 그거야!"

그러자 아프로디테가 방실방실 웃으며 물었다.

"한결같다는 건 훌륭한 성품이야, 그렇지?"

친구들이 페르세포네를 말똥말똥 쳐다보았다. 페르세포네는 이내 친구들이 일부러 독자 투표 이야기를 꺼냈다는 걸 알아차렸다.

"그래, 무슨 말인지 알겠어."

페르세포네가 멋쩍게 대답하자, 아르테미스가 한마디를 더 했다.

"그래, 에우리디케라는 이름은 한결같음의 반대말이나 다름없어!"

'에우리디케란 이름…… 에우리디케란 이름…….'

페르세포네의 머릿속에 어떤 생각이 천천히 피어났다. 페르세포네는 함박웃음을 지으며 친구들에게 소리쳤다.

"얘들아! 어떻게 해야 할지 알았어!"

친구들은 무슨 뚱딴지같은 소리냐는 표정으로 페르세포네를 쳐다보았다.

"나중에 설명해 줄게. 당장 지하 세계에 가야 해! 조금 있으면 정오거든."

페르세포네는 생일 카드를 들고 온실을 후다닥 떠났다. 남은 친구들은 멍하니 페르세포네의 뒷모습만 바라보았다. 페르세포네는 학교 건물로 달려가 날개 샌들로 갈아 신고 서둘러 지하 세계로 떠났다.

'일이 잘 풀리면 에우리디케를 학교로 데리고 올 수도 있어!'

얼마 후 스틱스 강변에 도착한 페르세포네는 눈이 휘둥그레졌다. 수백 명의 인간들이 팻말을 들고 모여 있었다. 그런데 이번에는 〈십대들의 두루마리〉 잡지 독자 투표와 아무 상관없는 내용이었다. 간간이 하데스를 비난하는 문구도 보였지만, 대부분은 하데스의 편을 들고 있었다.

에우리디케를 풀어 줘라!
하데스 완전 짜증남!
하데스는 공평하고 공정하다!

페르세포네가 카론의 배에 타려는데 지하 세계 쪽 강변에서 쿵쿵 하는 소리가 들려왔다. 짙은 안개가 강 전체를 뒤덮고 있어서 무슨 소리인지 알 수가 없었다. 강 중간 즈음에 이르렀을 때 마침내 안개가 갈라지며 소음의 원인이 드러났다.

'하데스잖아!'

하데스가 강변의 땅에 15센티미터 간격으로 쇠기둥을 박고 있었다.

"하데스, 뭘 하는 거니?"

페르세포네가 배에서 내리며 물었다.

"담을 치고 있어."

하데스는 페르세포네를 쳐다보지도 않고 대답했다.

"더 이상 허락 없이 인간이 지하 세계에 들어오지 못하게 막으려는 거야. 이 부근 경비를 더 강화해야겠다고 결론을 내렸어."

하데스는 꽤 짜증이 난 듯했다.

'음, 생일을 축하해 주기엔 적당한 때가 아닌 듯하네. 그래도 하데스의 기운을 북돋아 주고 싶어.'

페르세포네는 부드럽게 말을 꺼냈다.

"하데스, 넌 지금 잠깐이라도 휴식이 필요해. 그렇지 않아도 내가 널 깜짝 놀라게 해 주려고 뭘 준비했거든. 나랑 같이 어디 좀 가지 않을래? 부탁할게."

하데스가 고집을 피웠다.

"난 깜짝 놀라는 거 별로 좋아하지 않아. 그리고 이 일을 얼른 마무리하고 싶어."

"그대여, 우리 함께 가요. 오늘은 당신의 생일이잖아요."

페르세포네는 즉석에서 노래까지 지어 부르며 하데스를 구슬렸다. 하데스는 웃음을 참으려 애썼지만 결국 빙그레 웃고 말았다.

"그래, 그러자."

하데스가 망치를 툭 던지자 페르세포네는 미리 챙겨 온 날개 샌들을 내밀었다.

"여기 이거 신어."

둘은 곧 지하 세계 깊숙한 곳을 향해 쏜살처럼 달렸다.

"페르세포네, 우리 지금 정확히 어딜 가는 거야?"

하데스가 물었다. 둘은 이제 영혼들이 아스포델 꽃을 수확하고 있는 들판을 가로지르고 있었다.

"곧 알게 될 거야."

그때 한 영혼이 하데스에게 소리쳐 물었다.

"에우리디케를 언제 돌려보낼 거예요? 빨리 좀 보냈으면 해요."

그러자 다른 영혼이 소리쳤다.

"안 돼요! 에우리디케를 보내지 말아요. 그 앤 내 단짝이란 말이에요."

또 다른 영혼이 나섰다.

"아냐! 에우리디케는 나랑 가장 친해."

이에 질세라 어느 영혼이 소리쳤다.

"에우리디케는 말썽쟁이야!"

그러자 에우리디케와 단짝이라던 영혼이 대꾸했다.

"아니거든. 너야말로 말썽쟁이지!"

어느새 영혼들이 서로에게 아스포델 줄기를 던지며 싸움을 시작했다.

"오, 신이시여!"

하데스가 투덜거렸다.

"에우리디케가 여기 있는 바람에 내 일이 열 배는 힘들어졌어. 어떻게 여자애 하나가 이 고요한 지하 세계를 이렇게 끊임없이 휘저어 놓을 수 있는 거지? 에우리디케는 엘리시온 언덕에 가만히 머물지 않고 사방을 돌아다니며 모두를 괴롭히고 있어. 심지어 나한테도 마법 바람을 불러서 오르페우스한테 작별 편지를 보내게 해 달라고 징징거렸다니까. 아, 에우리디케를 돌려보낼 방법만 있다면 기꺼이 보내 버리고 싶어! 내 말 믿어도 좋아."

페르세포네는 진지하게 고개를 끄덕이며 대답했다.

"난 네 말 믿어. 내 말 믿어도 좋아."

이번에도 하데스의 침울한 얼굴에 웃음기가 퍼졌다. 하데스는 기분이 조금 나아졌는지 페르세포네의 손을 꼭 잡고 속도를 높였다.

잠시 후 하데스가 어디로 가는지 알아차린 듯 속력을 늦추며 페르세포네에게 물었다.

"혹시 지금 내 성으로 가는 거야?"

페르세포네는 방긋 웃으며 고개를 끄덕였다.

성 앞에 도착하자 하데스와 페르세포네는 얼른 샌들 끈을 은빛 날개에 감았다. 페르세포네가 어둠 시계를 확인하더니 알쏭달쏭한 말을 중얼거렸다.

"3분 남았네."

하데스는 어리둥절한지 주위를 휘휘 둘러보며 물었다.

"뭐가 3분 남았다는 거야."

페르세포네는 가져온 카드를 하데스에게 건넸다.

"일단 이거부터."

하데스가 카드를 열자 꽃이 벌떡 일어나 노래를 불렀다.

오, 해피, 해피, 해피
오늘은 하데스의 날!
오, 해피, 해피, 해피
다 함께 해맑게 웃는 날!

하데스가 풋! 하고 웃음을 터뜨렸다.

"와, 근사한데."

그런데 카드가 거꾸로 동그랗게 말리는 바람에 도로 접히지 않았다. 덩달아 꽃의 축하 노래도 계속됐다.

"이런, 미안."

페르세포네는 노래를 그치게 하려고 카드를 다시 돌려받으려 했다. 그러자 하데스가 카드를 뒤로 싹 빼면서 너털웃음을 터뜨렸다. 지금껏 페르세포네가 한 번도 들어 본 적 없는 밝고 큰 웃음소리였다.

"이야, 이거 정말 재미있는데. 네가 직접 만들었어?"

"응, 그런데 이렇게 될 줄은…… 이리 줘 봐. 좀 살펴볼게."

페르세포네가 다시 손을 내밀자 하데스가 카드를 도로 건네주었다. 그런데 페르세포네가 실수로 카드를 땅에 떨어뜨리고 말았다. 카드는 땅에 툭 부딪히면서 도로 닫혔고, 노랫소리도 끝이 났다.

하데스는 여전히 쿡쿡 웃으면서 카드를 주웠다.

"노래하는 꽃이 앙코르 공연을 하고 싶었나 봐."

"그러게."

페르세포네는 어깨를 들썩였다.

'조금 창피하긴 하지만 하데스가 즐거워하니까 괜찮아!'

페르세포네는 다시 어둠 시계를 확인했다. 시계가 정오를 가리켰다.

"공연 이야기가 나와서 말인데."

페르세포네는 하데스에게 성 쪽을 보라고 손짓했다.

'아, 내 계획이 잘 이루어져야 하는데!'

다음 순간, 갑자기 성 앞에서 연한 초록 잎과 줄기가 쑥쑥 돋아났다.

팟! 팟! 팟!

모든 꽃들이 일제히 꽃망울을 터뜨렸다.

하데스와 페르세포네는 새로 생겨난 정원을 감탄하며 바라보았다. 알록달록하고 커다란 꽃들이 달콤한 향기를 뿜어냈다.

'와, 해냈어! 음울했던 지하 세계가 조금이나마 아름다워진

것 같아!'

"우아!"

하데스는 감탄을 금치 못했다.

"아니, 어떻게?"

하데스가 페르세포네를 바라보며 물었다.

"네가 만든 거야?"

페르세포네는 가만히 고개를 끄덕였다. 마음에 드는지 아닌지 하데스의 표정을 봐서는 알 수가 없었다.

"이곳을 조금 더 환하게 만들고 싶었어. 이 가시 돋친 꽃이 딱 어울리겠다 싶더라고. 너무 아담하지도, 그렇다고 너무 삭막하지도 않잖아."

하데스가 성 가까이 다가가더니 크기가 30센티미터나 되는 꽃송이를 찬찬히 살펴보았다. 꽃술 쪽은 노란색인데 바깥쪽으로 가면서 주황색을 띠다가 꽃잎 끝은 빨간색으로 살짝 물들어 있었다. 파란색 꽃도 있고 분홍색 꽃, 보라색 꽃도 보였다.

페르세포네가 설명을 계속 이었다.

"이 꽃들은 지하 세계의 뜨거운 열기에도 적응하게 만들었어. 심지어 불 속에서도 살아남을 수 있거든. 여기 지하 세계에선 가끔 들불이 일어나기도 하잖아. 그래도 이 꽃들은 다시 자라날 거야."

문득 페르세포네는 자신이 괜히 주절주절 떠들고 있음을 깨달았다. 결국 페르세포네는 빙빙 돌리지 않고 대놓고 묻기로 했다.

"마음에 들어?"

꽃향기를 맡던 하데스가 놀란 듯 고개를 들며 대답했다.

"완전 사랑스러워."

하데스는 페르세포네의 얼굴을 들여다보며 말을 이었다.

"난 누구한테 선물을 받아 본 적이 없어. 딱 한 번……."

페르세포네는 눈을 깜박이며 되물었다.

"뭐?"

"아, 아무것도 아니야."

하데스가 눈길을 쓱 돌렸다.

'아무한테도 선물을 받은 적이 없다고?'

페르세포네는 마음이 찌릿 아팠다.

'그렇다면 더더욱 오늘을 최고의 생일로 만들어 주겠어! 다음 깜짝 선물이라면 틀림없이 효과가 있을 거야.'

페르세포네의 속마음을 알 길이 없는 하데스가 문득 물었다.

"그런데 말이야. 이 꽃은 이름이 뭐야?"

페르세포네의 두 눈이 반짝반짝 빛났다.

"언제 물어보려나 싶었어. 있잖아, 하데스 너만 괜찮다면 난 이 꽃에게 '에우리디케'란 이름을 붙이려고 해."

"엉?"

하데스는 깜짝 놀란 듯 뒤로 주춤 물러나더니 콧잔등을 북북 긁었다.

"나한테 '에우리디케'란 이름을 가진 꽃을 선물하고 싶다는 거야?"

페르세포네는 신이 나서 생글생글 웃었다.

"그래, 싫다고 하지 말고 내 말을 먼저 들어 봐. 분노의 여신들이 했던 말 기억나니? '에우리디케란 이름을 가진 자'가 영원히 지하 세계에 남아야 한다고 했잖아."

하데스는 여전히 영문을 모르겠다는 표정으로 고개를 끄덕였다.

"그래서 이 신품종을 공식적으로 에우리디케라고 이름 짓기로 한 거야. 이 꽃이 지하 세계에 피어 있는 한 분노의 여신이 내건 조건에 맞는 거잖아. '에우리디케란 이름을 가진 자'가 지하 세계에, 바로 네 정원에 머무는 거니까. 안 그래? 그렇다면 진짜 인간 에우리디케는 지하 세계를 떠나도 되지 않겠어? 내

말 이해하겠니?"

하데스의 얼굴에 천천히 미소가 퍼졌다. 페르세포네의 지혜로운 계획을 드디어 이해한 모양이었다.

"에우리디케 꽃이 여기 남고, 인간 에우리디케는 떠나지만 내 협약은 그대로 유지된다 이거지? 정말 기발한데!"

페르세포네가 하데스를 재촉했다.

"어서 가서 분노의 여신들을 만나 보자!"

가는 곳마다 말썽을 일으키는 에우리디케를 보낼 수 있다니 분노의 여신들도 하데스만큼이나 그 계획을 반겼다. 지하 세계에 머무는 영혼의 절반도 마찬가지였다. 그러나 에우리디케를 단짝이라 여기는 나머지 절반은 그 소식을 듣고 평소보다 더 우울해했다.

그렇다면 에우리디케는?

당연히 좋아서 폴짝폴짝 뛰었다.

에우리디케는 지하 세계의 영혼 팬들에게 마지막으로 사인을 몇 장 해 주고서 하데스가 건넨 날개 샌들을 받아 들었다. 에우리디케한테는 올림포스 학교로 데려다줄 자유의 샌들이었다.

에우리디케가 샌들을 신는 사이, 하데스가 페르세포네를 살짝 불렀다. 이제 하데스는 페르세포네가 오전에 도착했을 때보다 훨씬 더 행복해 보였다.

"난 담을 마저 쳐야 할 것 같아. 너희끼리 학교에 돌아가도 괜찮겠어?"

페르세포네는 고개를 열심히 끄덕였다.

"당연하지. 이따 학교에 올 거지?"

하데스는 씩 웃으며 손을 흔들었다.

"그럼, 내 말 믿어도 좋아. 나중에 보자."

페르세포네는 날개에 감아 두었던 끈을 풀고 에우리디케와 손을 마주 잡은 채 올림포스 학교를 향해 날아올랐다.

돌아가는 여행길 내내 에우리디케는 오르페우스를 다시 만나게 되어 기쁘다거나 하는 말을 한마디도 하지 않았다. 대신 지하 세계에 대한 이야기를 하느라 열을 올렸다. 그간 겪은 일을 잊고 싶을 법도 한데 에우리디케는 오히려 지하 세계에서 목격한 것들에 대해 끊임없이 이야기했다.

"페르세포네 네가 했던 말이 사실이더라! 엘리시온 언덕은 정말 아름다웠어. 금단의 들판은 진짜 섬뜩했고. 그런데 타르타로스는 못 가 봤어."

에우리디케는 그 사실이 매우 안타까운 듯했다.

"그냥 늪지일 뿐이야. 커다란 바윗덩어리랑 용암이 흐르는 강이 있고, 유황 냄새가 지독해."

페르세포네는 에우리디케를 똑바로 바라보며 물었다.

"넌 그 냄새나는 곳에 왜 그렇게 관심이 많니? 가 봐야 별거 없어. 진짜야!"

그러자 에우리디케가 까르르 웃음을 터뜨렸다.

"내가 지하 세계에 대한 노래가 떠올랐다고 했잖아. 사실 올림포스 학교에 대한 노래이기도 해."

그 말과 함께 에우리디케가 노래를 부르기 시작했다.

저 높이 눈부신 올림포스 학교,
저 아래 섬뜩한 금단의 들판.
오, 그대여, 내게 말해 주요.
이 갑갑한 지하 세계에서
약속해요, 날 데려간다고.
절대 뒤돌아보지 말아요.
안 돼요. 참아요. 절대로······.

"어때?"

에우리디케가 페르세포네에게 물었다.
"멋있어!"
페르세포네는 진심으로 감탄했다.
"네가 썼어?"
에우리디케가 고개를 끄덕였다.
"노랫가락은 올피가 만들었어. 퍼시, 네 도움이 없었다면 적당한 노랫말을 찾지 못했을 거야. 정말 고마워!"
에우리디케가 방긋 웃자 페르세포네도 미소로 답했다.
'이 변덕스럽고, 산만하고, 재미난 여자애한테 계속 화를 내기란 참 힘든 일이야!'

그 뒤로 둘은 남학생 이야기나 학교생활, 선생님에 대한 이야기 등을 나누었다. 페르세포네는 자기도 모르게 에우리디케의 새 노래를 속으로 흥얼거렸다. 정말 멋진 노래였다!

올림포스 학교에 도착할 즈음, 페르세포네는 에우리디케와 다시 단짝이 된 기분이었다.

'어째서 에우리디케는 이렇게 쉽게 다른 사람에게 친근한 느낌을 주는 걸까? 하지만 이건 즉석 우정일 뿐이야. 오래가지는 않아.'

페르세포네와 에우리디케가 도착했을 때 학교 안뜰은 오후 햇살을 즐기러 나온 학생들로 북적였다. 두 소녀는 마침 대리석 계단을 내려오고 있는 오르페우스를 발견했다. 오르페우스는 슬픔을 이기지 못해 고개를 푹 숙인 채 어깨를 축 늘어뜨리고 있었다. 경호원 독사가 바로 뒤에 따라오면서 늘 하던 대로 주위를 샅샅이 살폈다.

오르페우스는 착륙하는 페르세포네와 에우리디케를 발견하고 곧바로 기운을 되찾았다.

"에우리디케! 돌아온 거야?"

오르페우스가 샌들을 벗고 있는 에우리디케를 향해 크게 소리쳤다.

"오, 신이시여! 감사합니다. 난 이제 다시 음악을 만들 수 있어! 에우리디케, 어서 와. 내가 리라를 가져올 테니까 당장 곡을 써 보자."

오르페우스가 휙 뒤돌아서더니 계단을 성큼성큼 달려 올라갔다. 그러나 에우리디케는 따라갈 생각이 없었다. 독사도 꼼짝 않고 서 있었다.

"올피, 그렇게 서두르지 마."

에우리디케가 잔뜩 과장된 목소리로 소리친 뒤, 독사 쪽으로 빙글 돌아 환하게 웃으며 손을 내밀었다. 독사가 기다렸다는 듯이 에우리디케의 손을 잡았다. 이어 둘은 안뜰에 모여 있는 학생들을 향해 섰다. 에우리디케가 큰 소리로 또랑또랑하게 외쳤다.

"올피, 난 네 밴드를 떠날 거야. 독사랑 둘이서 우리만의 밴드를 만들 작정이거든."

순간 뜰에 모여 있던 학생들은 모두 자기 귀를 의심했다. 오르페우스도 마찬가지였다.

"뭐, 뭐라고?"

"네가 들은 그대로야."

에우리디케는 근처에 서 있던 파마를 보고 씩 웃었다.

"조만간 모두가 특종 기사에서 이 소식을 보게 되겠지!"

마침 안뜰에는 헤르메스의 택배 전차가 와 있었다. 에우리디케는 독사와 함께 여봐란 듯 전차에 올랐다. 그리고 둘은 인간 세상으로 휭 떠나 버렸다.

이어 파마가 쌩 하고 학교로 달려 들어갔다. 오르페우스 밴드 해체 소식을 모두에게 전하고 싶어 안달이 난 것 같았다.

페르세포네는 오르페우스를 쳐다보았다. 오르페우스는 에우리디케의 작별 선언을 들었던 자리에 그대로 굳어 있었다.

'고개를 숙이고 있네. 혹시 울고 있는 걸까?'

페르세포네는 오르페우스가 너무 짠해서 곁으로 다가갔다.

'아프로디테는 사랑의 여신이라서 실연당한 사람을 더욱 잘 위로할 수 있을 텐데. 아프로디테가 여기 없으니 나라도 위로해 줘야지.'

페르세포네는 무슨 말을 하면 좋을지 생각해 보았다.

"충격 받았지? 에우리디케가 그리울 거라는 거 알아. 하지만······."

오르페우스가 고개를 들더니 갈색 머리카락을 뒤로 쓸어 넘겼다. 그러고는 그 파란 눈동자로 페르세포네를 가만히 바라보앉다.

"난 지금 실연당했어."

오르페우스의 얼굴에 웃음기가 퍼졌다.

"끝내주지 않아?"

페르세포네는 당황스러웠다.

"응? 난 실연당하는 게 슬픈 일인 줄 알았는데."

오르페우스는 신이 나서 대답했다.

"작곡가 겸 가수라면 입장이 다르지. 에우리디케를 두 번이나 잃어버린 건 내 음악 인생에 있어서 최고의 경험이야. 처음 지하 세계에서 에우리디케를 잃었을 때는 화가 났어. 그건 음악에 별 도움이 되지 않았지. 누가 짜증이 가득한 노래를 듣고 싶겠어? 그런데 지금은 실연의 상처니 아픔이니 그런 것들에 대한 노래가 머릿속에 무궁무진하게 떠올라."

오르페우스는 정말 기뻐하는 것 같았다.

"그거야말로 모두가 듣고 싶어 하는 노래거든! 난 지금보다 훨씬 더 유명해질 거야."

오르페우스가 갑자기 휙 뒤돌아서더니 학교 안으로 달려 들어갔다. 곧 남학생 기숙사 창문에서 새로운 노랫소리가 흘러나왔다. 오르페우스가 아름다운 목소리로 연달아 실연당한 아픔을 노래하고 있었다. 마치 오르페우스의 마음속 댐이 무너지면서 창조성이 강물처럼 콸콸 흘러나오는 것 같았다.

페르세포네는 이 상황을 이해할 수 없었다. 오르페우스와 에우리디케가 너무 급작스럽게 이별해 버려서 보고 있는 페르세포네의 머리도 핑핑 도는 것 같았다.

'에우리디케가 오르페우스를 저렇게 쉽게 버리고 독사를 택하다니, 믿을 수가 없어. 뭔가 냄새가 나. 하지만 이번에는 내가 버린 스컹크 풀 냄새는 아니야!'

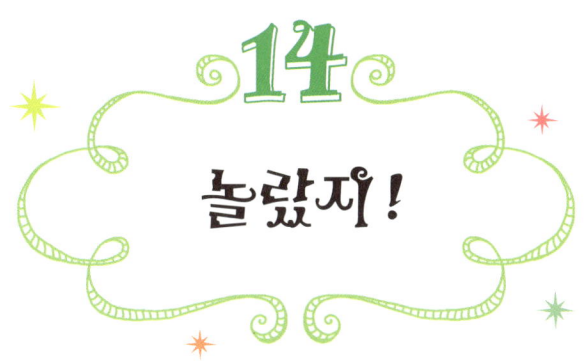

14 놀랐지!

"하나, 둘, 셋…… 가자!"

하데스는 드럼을 둥두두두둥 두드리고, 심벌즈를 챙채그르르 치며 천상천하 밴드 멤버들과 박자를 맞추었다. 때는 토요일 저녁, 하데스와 천상천하 밴드 멤버들은 올림포스 학교 안뜰에서 다시 한번 공연을 펼쳤다. 하데스의 드럼은 무대 맨 안쪽 어둑한 곳에 놓여 있었다. 하데스가 가장 편안하게 여기는 자리였다. 무대 앞쪽 조명이 환하게 비치는 곳에선 오르페우스가 리라를 뜯으며 가슴이 터질 듯 노래를 부르고 있었다. 오르페우스는 다시 음악을 만들 수 있게 된 김에 마지막으로 천상천하 밴드와 송별 콘서트를 열기로 했고, 벌써 두 시간째 공연 중이었다. 이제 공연이 끝나면 오르페우스는 올림포스 학교를 떠나 인간 세상을 돌아다니며 홀로 콘서트 투어를 계속할 작정이었다.

하데스는 드럼을 두드리며 생각했다.

'오르페우스는 잘 해낼 거야.'

오르페우스가 실연의 상처를 담아 만든 노래를 모두들 좋아하는 것 같았다. 심지어 노래를 듣고 감동받아서 우는 여자아이들도 있었다.

하데스는 멀찍이 떨어진 뒷자리에서 페르세포네를 발견했다. 페르세포네는 아프로디테, 아테나, 아르테미스와 함께 높다란 정원 담벼락에 앉아 넥타르를 마시고 있었다. 페르세포네 일행 뒤로 꽃이 화사하게 핀 덤불이 자리하고, 그 너머에 올림포스 학교 건물이 저녁 어스름 속에서 푸르게 빛나고 있었다.

하데스와 눈이 마주치자 페르세포네가 반갑게 손을 흔들었다. 하데스도 씩 웃으며 손을 마주 흔들었다. 이어 하데스에게 신호가 왔다. 오르페우스가 부탁한 특수 효과를 펼칠 때가 온 것이다. 하데스는 얼른 주문을 외웠다.

활활 타오르는 횃불이여,

오르페우스에게
꺼지지 않는 명성을!

하데스가 주문을 외우자 무대 한가운데 미리 설치해 둔 횃불이 일제히 화르르 타올랐다. 온갖 색깔의 불길이 오르페우스를 감싸며 화려한 빛을 뿌렸다.

안뜰에 모여 있던 학생들이 헉하고 숨을 죽였다가 목을 쭉 빼고 수군거렸다.

"무슨 일이야?"

"어떻게 된 거야?"

하데스가 일으킨 특수 효과는 관중을 깜짝 놀라게 했지만 사실 전혀 위험하지 않았다. 모두 오르페우스가 공연의 대미를 장식하기 위해 마련한 계획의 일부였다. 하데스도 불길이 사용된다는 것만 알 뿐 전체 계획은 알지 못했다. 그래서 다른 아이들처럼 곧 무슨 일이 일어날지 흥미진진하게 지켜보았다.

얼마 후, 화려한 불꽃이 갑자기 휙 사그라졌다. 그런데 무대에는 오르페우스 말고도 두 사람이 더 서 있었다.

"에우리디케다! 에우리디케가 돌아왔어!"

누군가 소리쳤다.

하데스는 입이 떡 벌어졌다.

'이건 정말 예상 밖인걸!'

오르페우스와 에우리디케가 함께 무대에 선 모습을 보자 관중들이 와! 하고 소리를 질렀다. 함께 있던 독사가 얼른 무대 뒤로 물러났다.

'독사는 음악가가 아니구나. 그럼 에우리디케가 독사와 밴드를 만들겠다고 한 말은 다 꾸며 낸 얘기였던 건가? 그렇다면 왜 그런 일을 벌인 거지?'

곧바로 에우리디케가 노래를 불렀다. 맑고 사랑스러운 목소리가 오르페우스의 목소리와 매끄럽게 섞여 들었다. 둘은 지하 세계에 대한 노래를 부르고 있었다!

저 높이 눈부신 올림포스 학교.

저 아래 서늘한 금단의 들판.

두 스타가 빚어내는 노랫소리에 모든 관중이 흠뻑 빠져들었다. 참으로 아름답고 힘이 넘치는 소리였다. 하데스마저 그 소리의 마법에 걸려들 정도였다. 마지막 음이 희미해지자 공연장에는 한동안 정적만이 감돌았다. 잠시 후 관중들이 미친 듯이 환호성을 질렀다. 하데스는 그 소리에 퍼뜩 정신을 차렸다. 마지막 특수 효과를 펼칠 차례였다. 하데스는 마법을 써서 다시 횃불을 일으켰다. 이번에는 불길이 더 높이, 더 환하게 솟아올랐다. 불길은 1분 정도 사납게 춤을 춘 뒤 사그라졌다. 오르페우스, 에우리디케, 독사는 온데간데없이 사라져 찾을 수가 없었다. 관중들은 모두 자리에서 일어나 휘파람을 불고 박수를 쳤다.

'내 역할은 끝난 것 같아.'

하데스는 무대 뒤로 훌쩍 뛰어내려 페르세포네 일행이 있는 곳으로 향했다. 페르세포네 곁에 도착할 즈음에는 박수 소리와 환호성이 잦아들었지만 모두 공연 이야기를 나누느라 바빴다.

누군가 어리둥절한 목소리로 말했다.

"그런데 어떻게 오르페우스랑 에우리디케 둘 다 가사를 알고 있는 거지?"

다른 누군가가 중얼거리는 소리도 들렸다.

"오르페우스는 갑자기 돌아온 에우리디케와 독사를 보고도 전혀 놀라는 기색이 없었어."

하데스가 도착하자 페르세포네는 두 손으로 담을 밀며 뛰어내릴 준비를 했다. 그런데 그만 손이 미끄러지면서 중심을 잃고 말았다. 페르세포네가 아래로 굴러 떨어지려는 순간, 하데스가 얼른 페르세포네의 옆구리를 잡고 땅에 안전하게 내려주었다.

"우아, 깜짝이야! 하데스, 고마워."

페르세포네는 잠시 하데스를 빤히 쳐다보았다. 뭔가 곰곰이 생각하는 눈치였다. 이내 페르세포네가 눈을 휘둥그레 떴다.

"오르페우스의 콘서트 때 누가 날 구해 줬는데 이제 보니 너였구나. 이제야 깨달았어."

하데스는 멋쩍은 듯 두 손을 호주머니에 쿡 찔러 넣으며 대답했다.

"별일 아니었는데 뭐."

"별일 아니긴. 그건 큰일이었거든."

아프로디테가 담에서 훌쩍 뛰어내리며 말했다. 아테나와 아르테미스도 뛰어내려 하데스를 감탄하는 눈으로 바라보았.

아테나가 먼저 말을 꺼냈다.

"그날 네가 아니었더라면 페르세포네가 하마터면 크게 다칠 뻔했어."

아르테미스도 한마디 거들었다.

"어이, 친구. 그냥 받아들이시지. 우리가 여태 몰랐을 뿐 넌 영웅이야."

아프로디테가 파란 눈동자를 더욱 반짝이며 말했다.

"그런 영웅이라면 생일에 더욱 특별한 대접을 받아야 하지 않겠어? 짜잔!"

네 여자아이가 팔을 번쩍 들고 기대에 가득 찬 눈으로 하늘을 바라보았다. 하데스도 따라서 눈길을 들었다. 갑자기 하늘에서 풍선이 알록달록한 빗방울처럼 쏟아져 내리더니 하데스 주위에 내려앉았다. 뒤에서 천상천하 밴드가 요란스럽게 '생일 축하합니다!' 노래를 쿵작쿵작 연주했다.

이어 에로스와 몇몇 소년 신이 수레에 어마어마하게 커다란 케이크를 싣고 나타났다. 자세히 보니 케이크 꼭대기에 지하 세계의 지도가 장식되어 있었다.

"하데스, 생일 축하해!"

모두가 입을 모아 외쳤다.

하데스는 어리벙벙한 얼굴로 촛불을 후 불어 껐다. 페르세포네와 친구들이 케이크를 나눠 주는 사이, 모두가 하데스를 둘러싸고 이제 한 살 더 늙어 좋겠다는 둥의 농담을 해 댔다.

잠시 후 모두 풍선에 둘러싸인 채 즐겁게 케이크를 나눠 먹는데 문득 페르세포네가 말을 꺼냈다.

"오르페우스랑 에우리디케는 어떻게 된 거야?"

하데스는 페르세포네의 의도를 눈치챘다.

'나한테 쏠리는 관심을 돌려주려고 일부러 오르페우스의 얘기를 꺼낸 거야. 내가 지나친 관심을 불편해하는 걸 아니까. 페르세포네는 내게 그런 면이 있다는 걸 알고, 늘 신경 써 주지. 내가 페르세포네를 좋아하는 이유 중 하나가 바로 그 점이야.'

"난 알아!"

아폴론이 페르세포네의 질문에 대뜸 대답했다.

"콘서트가 시작되기 직전에 디오니소스랑 내가 봤어. 오르페우스, 에우리디케, 독사가 무대 뒤에서 계획을 짜고 있더라고. 물론 콘서트가 끝날 때까지 비밀을 지키기로 약속했지."

디오니소스가 설명을 더했다.

"이젠 진실을 밝혀도 되니까 말해 줄게. 둘은 아예 헤어진 적이 없어. 언론의 관심을 끌려고 그런 척한 것뿐이야. 에우리디케가 지하 세계에서 벗어나게 될 때를 대비해서 오르페우스한테 미리 편지를 보냈나 봐."

하데스는 그제야 깨달았다.

'아, 나더러 보내 달라고 졸랐던 편지가 바로 그거구나! 물론 뭐라고 썼는지 나로선 알 수가 없었지.'

"내가 헤어졌다는 소문을 퍼트려 줬고 말이야."

갑자기 파마가 어디선가 불쑥 나타났다.

"이제 둘의 콘서트 투어는 더욱 주목받게 될 거야. 새로 만든 노래는 엄청난 히트를 치게 될 거고!"

너도나도 이야기를 들으려고 다가오면서 이제 케이크 수레 주위에 꽤 많은 아이들이 둘러섰다. 그 바람에 하데스와 페르세포네는 오히려 한쪽으로 밀려났다.

"하데스, 너도 그 둘이 언론의 관심을 끌려고 일부러 그런 일을 벌였다는 걸 알고 있었어?"

페르세포네가 물었다.

하데스는 고개를 가로저었다.

"전혀 몰랐어. 아폴론 말대로 아폴론이랑 디오니소스, 그리고 아마 파마까지 알고 있었던 것 같은데 비밀을 지키기로 맹세했다잖아. 오르페우스와 에우리디케는 그 계획을 아는 이가 적으면 적을수록 좋다고 생각한 것 같아."

하데스는 씩 웃으며 덧붙였다.

"그래도 둘이 인간 세상으로 돌아가서 솔직히 다행이다 싶어. 이제 내 손을 떠난 문제니까."

페르세포네도 풋! 하고 웃음이 터졌다. 그 뒤 둘은 잠시 아무

말 없이 머쓱하게 서 있었다. 하데스는 검은 머리칼을 쓸어 넘기고 괜히 발을 질질 끌었다.

"뭐야? 어서 말해 봐."

페르세포네가 먼저 말을 꺼냈다.

'아, 내가 뭔가 더 할 말이 있다는 걸 알아차렸구나. 페르세포네는 역시 이런 면이 좋아. 마치 두루마리 교과서를 읽듯 내 마음을 읽는다니까.'

"그러니까, 음. 내가 하고 싶은 말은……."

하데스는 고개를 숙이고 페르세포네의 볼에 얼른 뽀뽀를 했다. 페르세포네가 헉하면서 눈을 휘둥그레 떴다. 하데스는 뒤로 한걸음 물러나 페르세포네의 표정을 살폈다.

'화났나?'

페르세포네는 얼굴이 발그레해져서 말했다.

"고마워."

곧바로 페르세포네는 다시 두 눈을 휘둥그레 뜨더니 엄청 부끄러워 했다. 하데스가 뽀뽀를 해 준 데 대해 고맙다고 말해 버려서 그런 것 같았다.

하데스는 씩 웃으며 대답했다.

"아니, 내가 고마워. 이렇게 최고의 생일을 선물해 줬잖아."

하데스는 머뭇거리다 말을 이었다.

"내가 한 번도 선물을 받아본 적이 없다고 말했던 거 기억나?"

페르세포네가 두 눈을 반짝이며 고개를 끄덕였다.

"정확히 말하면 사실이 아니야."

페르세포네는 무슨 말인가 싶어 고개를 갸웃했다. 하데스는 목에 걸고 있던 목걸이를 쭉 끌어당겼다. 그러고는 목걸이를 벗어 사슬 끝에 달린 유리구슬을 페르세포네에게 보여 주었다. 페르세포네는 구슬을 손바닥에 올려놓고 찬찬히 살폈다.

"이거 석류 씨앗이야?"

"그냥 평범한 씨앗이 아니야."

하데스가 대답했다.

"이건 우리 둘이 씨앗 멀리 뱉기 시합할 때 썼던 거야. 묘지에서 처음 만났을 때 말이야. 기억나?"

"그중 하나를 간직하고 있었어?"

"어…… 응."

'페르세포네가 날 이상한 애로 보려나?'

하데스는 페르세포네의 마음을 읽을 수가 없었다.

"그걸 지금까지 내내 지니고 다녔다고?"

"응."

'그런 짓을 하다니 멍청하다고 생각할까?'

페르세포네가 소리를 빽 질렀다.

"진짜, 완전, 엄청 멋져!"

페르세포네가 하데스를 바라보며 방글방글 웃었다. 하데스는 갑자기 태양이 다시 솟아나 황혼을 밝히는 듯 세상이 환해지는 기분이었다.

'오늘은 내 인생에서 가장 완벽한 생일이야!'

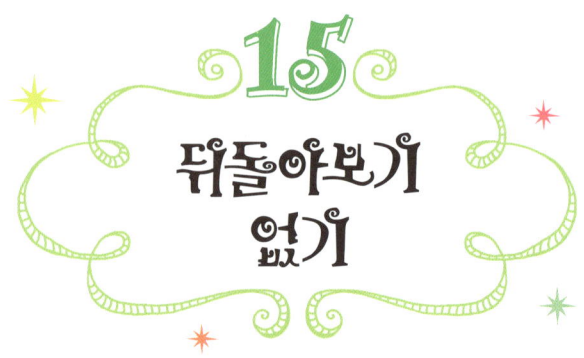

2주 뒤 월요일, 페르세포네는 기숙사 복도에서 폴짝폴짝 뛰고, 빙글빙글 춤을 추며 아테나, 아르테미스, 아프로디테의 방을 차례로 두드렸다. 친구들의 방문이 열리자 페르세포네는 두루마리 한 장을 펼쳐 들고 큰 소리로 읽었다.

친애하는 페르세포네 양

귀하가 출품한 에우리디케 블로섬이 안테스티리아 꽃 축제의 신품종 전시 작품으로 뽑혔음을 알려드립니다. 극소수에게만 주어지는 영예를 차지하게 된 것을 축하드립니다!

축제 행진에 사용할 꽃수레, 수상 소감을 준비하시어 2주 안에 키프로스 섬에 도착하여 주시기 바랍니다.

축제 준비 위원회 일동 드림

페르세포네는 혹시 친구들이 편지 내용을 못 알아들었을까 봐 다시 한번 큰 소리로 외쳤다.

"애들아, 나 안테스티리아 꽃 축제에 입선했어!"

세 친구가 입이 귀에 걸리도록 웃는 걸 보니 아무래도 괜한 걱정을 한 모양이었다. 친구들이 우르르 복도로 몰려나오는 사이에도 페르세포네는 제자리에서 한 바퀴 빙그르르 돌았다. 하도 신이 나서 도무지 가만히 있을 수가 없었다.

"페르세포네, 정말 잘됐다!"

페르세포네가 멈춰 서자 아테나가 꼭 끌어안으며 말했다.

"그렇게 열심히 노력했으니 이런 영광을 얻는 게 당연해!"

그러자 아프로디테도 페르세포네를 끌어안으며 외쳤다.

"진심으로 축하해!"

아르테미스도 페르세포네를 안으며 말했다.

"네 꽃은 정말 아름다워. 심사 위원들이 당연히 좋아했을 거야."

친구들이 포옹을 풀자 페르세포네가 말했다.

"얘들아, 고마워! 있잖아, 난 솔직히 수상 소감 발표할 일이 벌써부터 걱정돼. 오르페우스의 콘서트 때 무대에 올랐던 건 재미있는 경험이었어. 그래도 그때는 다들 오르페우스와 에우리디케를 주목하고 있었잖아. 하지만 수상 소감 발표 때는 모두 나만 쳐다볼 거 아니야."

페르세포네가 당혹스러운 표정을 짓자 아테나가 다독였다.

"일단 써 봐. 그러고 나서 나랑 같이 다듬자."

아프로디테도 나섰다.

"수상 소감이 준비되면 아르테미스랑 내 앞에서 미리 한 번 발표해 보는 거야. 우리가 들어 보고 고치면 좋겠다 싶은 부분을 알려 줄게. 일종의 연습이랄까?"

페르세포네가 대답했다.

"너희는 정말 최고의 친구야! 도와줘서 고마워."

페르세포네는 씩 웃으며 덧붙였다.

"너희도 '진실'을 알잖아. 내가 남들 앞에서 발표할 만큼 '대담'하지 않다는 걸 말이야. 너희들 도움이 없으면 아예 엄두도 내지 못했을 거야."

친구들이 페르세포네의 농담을 알아듣고 까르르 웃음을 터뜨렸다. 몇 주 전에 했던 '진실 혹은 대담' 놀이에서 이 모든 사건이 비롯되었으니까.

아프로디테가 페르세포네를 다정하게 바라보았다.

"걱정 마. 우리가 팍팍 밀어 줄게."

아테나가 말했다.

"네가 필요로 할 때 언제든 네 곁에 있을 거야."

아르테미스가 거들었다.

"그래, 우린 네 편이야."

페르세포네는 친구들의 말이 모두 '한결같이' 믿고 의지해도 된다는 뜻임을 알고 있었다.

'친구들은 한 번도 날 실망시킨 적이 없어. 친구들도 나만큼이나 한결같은 면을 지니고 있구나! 하데스도 마찬가지고. 그래서 늘 그렇게 지하 세계 일에 성실하게 임하는 거야.'

에우리디케의 즉흥적인 성격과 예측 불가능한 태도 때문에 즐겁기도 했지만 페르세포네는 자신이 그런 식으로 살 수 없으리란 걸 잘 알았다. 그렇게 살다간 아마 미쳐 버릴지도 몰랐다. 한결같이 의지할 수 있는 친구가 없어도 견딜 수 없을 듯했다.

'흠, 친구들의 한결같음을 귀하게 여긴다면, 나의 그런 면도 소중히 여겨야겠지? 오늘 집에 가면 내 방 메모판 한가운데에 독자 투표 결과를 붙여 놔야겠어. 한결같다는 건 자랑스러워할 일이니까!'

물론 그렇다고 아예 대범한 행동을 않겠다는 뜻은 아니었다.
'가끔은 대범한 것도 좋잖아?'
페르세포네가 친구들을 바라보며 말했다.
"이제 꽃을 따러 지하 세계로 갈 거야. 얘들아, 하데스한테 꽃수레 만드는 일을 도와달라고 하면 들어 줄까?"
아테나가 웃으며 대답했다.
"대답은 한결같이 '좋아!'일 거야. 내 말 믿어도 돼!"
페르세포네는 방긋 웃으며 복도를 달려갔다.
'빨리 하데스에게 이 소식을 전하고 싶어! 소감 발표는 뭐, 이런 영예를 안으려면 무대 공포증 정도는 감당해야겠지?'
페르세포네는 계단을 내려가며 축제의 한 장면을 상상했다.
'내 이름을 호명하면 대담하게 무대로 뚜벅뚜벅 올라가서 당당하게 소감을 발표할 거야. 청중이 가득하겠지? 내 뒤에는 축제 준비 위원들이 죽 앉아서 내 말 한마디 한마디에 귀를 기울일 거야. 그중 내가 실수했다고 잡아 갈 분노의 여신은 없을 테니 다행이지 뭐.'

 페르세포네는 씩 웃음이 났다.

 '만약 분노의 여신이 나타나면 절대로 뒤돌아보지 말아야지!'

옮긴이의 말

이번 이야기에서 '한결같다'고 표현한 낱말의 원문은 'dependable' 입니다. 'dependable'을 사전에서 찾아보면 '신뢰할 수 있는', '믿음직한', '미더운', '야무진'이란 뜻이 나옵니다. 이 'dependable'은 '의지하다'라는 뜻을 가진 'depend'라는 동사에서 나온 형용사예요. 우리말에서 '한결같다'와 '의지하다'는 조금 다른 뜻을 가지고 있지만, 결국 '한결같아야 믿고 의지할 수 있다'는 측면에서는 같은 얘기겠지요.

화려하고 아름다운 아프로디테, 공부를 잘하는 아테나, 만능 운동선수 아르테미스에 비하면 페르세포네는 남들 눈에 확 드러나는 재능을 가지고 있지 않아요. 하지만 그 한결같은 면 때문에 모두가 페르세포네를 믿고 의지하며 힘들 때 페르세포네한테서 위로를 받지요. 그런 측면에서 저는 한결같은 면은 믿고 의지할 수 있는 성품일 뿐만 아니라 '따뜻함'이라고 말하고 싶어요. 페르세포네가 가진 그 따뜻함이 음울한 지하 세계의 신 하데스의 마음도 녹이잖아요? 그래서 페르세포네와 하데스 커플은 올림포스 학교의 어린 연인 중에서 가장 달달한 연애를 선보이나 봐요. /(♥▽♥)/

독자 여러분 중에 가까운 친구들에 비해 나는 딱히 드러나는 재

능이나 매력이 없다고 느끼는 분 있나요? 여러분 안에 빛나고 있는 그 한결같이 따뜻한 마음을 밖으로 드러내 보이세요. 아프로디테, 아테나, 아르테미스가 페르세포네의 한결같음을 고마워하듯, 여러분의 친구도 여러분을 믿고 의지하고 고마워하고 있을 거예요. 친구의 장점을 존중하고 좋아하듯 자신의 장점을 사랑해 주세요. 약속할 수 있지요?

 그럼 우리 독자들 다음 이야기에서…… 네? 다음은 누구 이야기냐고요? 흠, 한동안 올림포스 학교에 다니는 아이들만 주인공을 맡았잖아요? 한 번쯤은 인간 세상에 사는 평범한(?) 아이가 주인공이 되어도 좋겠죠? 누구의 어떤 사연인지 다음 이야기에서 알아보세요!

옮긴이 **김경희**

지은이 조앤 호럽, 수잰 윌리엄스

조앤 호럽은 문예상을 받은 작가로, 지금까지 어린이 독자를 위해 125권이 넘는 책을 썼다. 대표작으로는 《샴푸》, 《마멋 날씨 학교》, 《개는 왜 짖을까?》, 그리고 〈인형 병원〉 시리즈 등이 있다. 책에서 새로운 아이디어 얻기를 좋아한다는 점에서 네 명의 소녀 신 중 아테나와 가장 비슷하지 않나 하고 생각한다.

수잰 윌리엄스는 어린이를 위해 30권이 넘는 책을 썼고, 문예상 수상 작가이다. 대표작으로는 《책벌레 릴》, 《엄마가 내 이름을 모른대요》, 《우리 집 강아지는 부탁할 줄을 몰라》, 〈파워 공주〉 시리즈, 〈꽃봉오리 요정〉 시리즈가 있다. 남편분 말로는, 수잰 선생님은 귀찮은 질문(주로 왜 컴퓨터가 제대로 안 돌아가는지에 관한 질문이라고 한다)을 하는 판도라랑 비슷한 편이라고 한다. 물론 판도라는 절대로 컴퓨터를 쓸 일이 없겠지만.

옮긴이 김경희

초등학교 때 다른 아이들이 텔레비전을 보는 동안 《그리스 로마 신화》, 《일리아드》, 《오디세이아》, 《플루타르크 영웅전》을 줄줄 외울 정도로 읽고 또 읽었다. 제일 좋아하는 여신은 사냥의 신 아르테미스였는데 정작 본인은 운동에 영 소질이 없었다. 그래서 헤라클레스처럼 열두 가지 모험을 하고 올림포스산에 가 보고 싶었지만 엄두도 낼 수 없었다. 어린이 독자를 위해 〈올림포스 여신스쿨〉 시리즈를 번역하면서 신나는 모험을 즐겼다.

11 페르세포네의 미더움

초판 1쇄 발행 2016년 3월 25일
초판 3쇄 발행 2024년 5월 10일

글 조앤 호럽, 수잰 윌리엄스 그림 권미선 옮김 김경희
발행인 양원석 발행처 (주)알에이치코리아(등록 2004년 1월 15일 제2-3726호)
주소 08588 서울시 금천구 가산디지털2로 53, 20층(한라시그마밸리)
편집문의 02-6443-8921 도서문의 02-6443-8800 홈페이지 rhk.co.kr
블로그 blog.naver.com/randomhouse1 포스트 post.naver.com/junior_rhk
인스타그램 @junior_rhk 페이스북 facebook.com/rhk.co.kr

ISBN 978-89-255-5803-5 (74840)
ISBN 978-89-255-4737-4 (세트)

※ 제조자명 (주)알에이치코리아 | 제조국명 대한민국 | 사용연령 8세 이상
※ 종이에 손이 베이거나 모서리에 다치지 않게 주의하세요.
※ 잘못 만들어진 책은 구입하신 곳에서 바꾸어 드립니다.